D1662229

STARK

MSA · eBBR 2016

Original-Prüfungsaufgaben mit Lösungen

Deutsch

Berlin · Brandenburg

2011 – 2015

STARK

Inhalt

Mittlerer Schulabschluss/erweiterte Berufsbildungsreife
Berlin/Brandenburg – Deutsch 2014

Mittlerer Schulabschluss/erweiterte Berufsbildungsreife
Berlin/Brandenburg – Deutsch 2015

Jeweils im Herbst erscheinen die neuen Ausgaben
der Abschluss-Prüfungsaufgaben mit Lösungen.

Autorin:

Lösungen Prüfungsaufgaben 2011–2014: Juliane Schumacher
Lösungen Prüfungsaufgabe 2015: Heike Graffenberger

Vorwort

Liebe Schülerin, lieber Schüler,

mit dem vorliegenden Buch kannst du dich gezielt auf den **Mittleren Schulabschluss im Fach Deutsch** in Berlin und Brandenburg vorbereiten. Die **Original-Prüfungsaufgaben** aus den Jahren 2011–2015 bieten dir die Möglichkeit, unter Prüfungsbedingungen den Ernstfall ausgiebig zu üben.

Seit 2014 gibt es eine **einheitliche eBBR- / MSA-Prüfung**, sodass du mit diesem Band auch für die **erweiterte Berufsbildungsreife** trainieren kannst. Für den Erwerb der eBBR musst du grundlegende Aufgaben lösen, für den MSA zusätzlich noch anspruchsvollere Aufgaben, die durch ein Sternchen (∗) gekennzeichnet sind.

Zu allen Aufgaben gibt es ausführliche **Lösungsvorschläge**, die dir zeigen, wie man die Aufgaben richtig und umfassend beantworten kann. Das bedeutet, dass auch andere Lösungen als die hier abgedruckten möglich sein können. Versuche stets, die Aufgaben zunächst **selbstständig** zu lösen, und sieh nicht gleich in der Lösung nach.

Falls du nicht weiterkommst, helfen dir die grau markierten ∕ **Hinweise und Tipps** zur jeweiligen Lösung. Wenn du sie gelesen hast, arbeite unbedingt selbstständig weiter. Am Schluss solltest du deine Lösung mit der hier angebotenen Lösung vergleichen und deine eigenen Ergebnisse gegebenenfalls korrigieren.

Ergänzend zu diesem Buch bietet dir der A4-Band **Training MSA • eBBR Deutsch Berlin/ Brandenburg** (Best.-Nr. 111540, separates Lösungsbuch 111540L) weitere grundsätzliche Hinweise und vielseitige Übungen. Er ist ideal zur vertieften, langfristigen Vorbereitung auf alle Kompetenzbereiche und Aufgabenarten der Abschlussprüfung.

Sollten nach Erscheinen dieses Bandes noch wichtige Änderungen in der Prüfung zum Mittleren Schulabschluss oder zur eBBR vom LISUM Berlin-Brandenburg bekannt gegeben werden, findest du aktuelle Informationen dazu im Internet unter **www.stark-verlag.de/pruefung-aktuell.**

Der Stark Verlag und die Autorinnen wünschen dir nun viel Spaß bei der Vorbereitung und vor allem viel Erfolg in der Prüfung!

Hinweise und Tipps zur Prüfung

1. Warum gibt es den MSA / die eBBR?

Die Prüfung soll sicherstellen, dass die Bedingungen für den **Erwerb des Mittleren Schulabschlusses** oder der **erweiterten Berufsbildungsreife** an allen Schulen in Berlin und Brandenburg gleich sind. Da die Aufgaben zentral gestellt und von allen Schülerinnen und Schülern am selben Tag zur gleichen Zeit bearbeitet werden, ist gewährleistet, dass man überall die gleichen Leistungen bringen muss, um die Prüfung zu bestehen. So sind die Ergebnisse vergleichbar, und das ist ein Beitrag zur Gerechtigkeit.

2. Wie lange dauert die Prüfung?

Im Fach Deutsch dauert die Prüfung **180 Minuten**, also drei Zeitstunden. Nicht eingerechnet wird die Zeit, die am Anfang nötig ist, um die Aufgaben zu verteilen.

3. Was wird eigentlich geprüft?

Geprüft werden **alle Kompetenzbereiche** des Deutschunterrichts (mit Ausnahme des Kompetenzbereichs Sprechen und Zuhören). Du musst also zeigen, dass du Texte verstehst, die du vorher noch nie gelesen hast, dass du sprachliche Phänomene kennst und richtig anwenden kannst (z. B. Haupt- und Nebensätze) und dass du in der Lage bist, zu einem gegebenen Thema einen überzeugenden Text zu schreiben.

4. Wie sehen die Aufgaben aus?

Es gibt drei Arten von Aufgaben: geschlossene, halboffene und offene.

- Es gibt verschiedene Arten von **geschlossenen Aufgaben**. In der Regel handelt es sich um Multiple-Choice-Aufgaben (Mehrfachwahlaufgaben), bei denen du aus einer Reihe von Aussagen jeweils die richtige ankreuzen musst.

- **Halboffene Aufgaben** verlangen von dir, dass du einzelne Fragen kurz und prägnant beantwortest.

– **Offene Aufgaben** sind Schreibaufgaben, d. h., du wirst aufgefordert, einen kompletten Text zu schreiben. In der Prüfung gibt es nur eine Schreibaufgabe, und zwar ganz am Schluss.

5. Wie ausführlich müssen die Antworten sein?

Bei geschlossenen Aufgaben genügt in der Regel **ein Kreuz**. Manchmal musst du auch eine bestimmte Information aufschreiben, z. B. einen Namen oder eine Zahl. Bei halboffenen Aufgaben schreibst du **einen vollständigen Satz** (es sei denn, du wirst ausdrücklich aufgefordert, nur Stichworte zu notieren). Und bei offenen Aufgaben musst du **einen vollständigen Text** schreiben (Richtschnur: 300 bis 500 Wörter).

6. Wird die Rechtschreibung auch bewertet?

Selbstverständlich wird die Rechtschreibung bewertet! Bei der Schreibaufgabe gibt es dafür eine bestimmte Punktzahl, die in die Bewertung eingeht. Berücksichtigt werden nicht nur die **Rechtschreibung** und **Zeichensetzung**, sondern auch die **sprachliche Korrektheit**.

7. Welche Hilfsmittel sind erlaubt?

Außer den Schreibgeräten (Stiften) darfst du nur ein **Wörterbuch** benutzen. Handys sind nicht erlaubt. Wenn du dein Handy nicht zu Hause lassen willst, musst du es vor Beginn der Prüfung auf das Lehrerpult legen. Sollte ein Schüler während der Prüfung mit einem Handy erwischt werden, wird das als Täuschungsversuch angesehen, und damit gilt die Prüfung automatisch als nicht bestanden.

8. Wie läuft die Prüfung ab?

Jeder Schüler und jede Schülerin bekommt einen Einzelplatz. Wenn alle Prüflinge ihren Platz eingenommen haben, werden die Aufgaben ausgeteilt. Das ist ein ganzes Paket (mehr als 20 Seiten). Danach beginnt die eigentliche Prüfungszeit: Nun bearbeitet jeder für sich nacheinander die angegebenen Aufgaben. Wer fertig ist, gibt ab und kann nach Hause gehen.

9. Wie gehst du am besten vor?

Am besten blätterst du das Paket mit den Prüfungsaufgaben am Anfang einmal kurz durch, um dir einen **Überblick** zu verschaffen. Du kannst davon ausgehen, dass die Texte, die die Grundlage für die Aufgaben bilden, zu einem bestimmten Themenkomplex gehören, z. B. zum Thema „Gerüche" oder „Forscher und Entdecker". Mache dich also auch mit dem Thema vertraut.

Danach bearbeitest du die einzelnen Aufgaben. Springe nicht hin und her, sondern beginne mit dem ersten Text und den entsprechenden Aufgaben. Arbeite so nach und nach das ganze Prüfungspaket durch. Aufgaben, die dir Kopfzerbrechen bereiten, überspringst du erst mal, damit du nicht unnötig Zeit verschwendest. Wenn du alles bearbeitet hast, kannst du dich noch einmal diesen Aufgaben zuwenden und versuchen, sie doch noch zu lösen.

Versuche, dir deine Zeit gut einzuteilen. Gehe davon aus, dass du für **die ersten Prüfungsteile** (Aufgaben zum Textverstehen und zum Sprachwissen) ungefähr **zwei Drittel** der gesamten Prüfungszeit benötigst (also zwei Stunden). Für die **Schreibaufgabe** solltest du am Ende noch **eine Stunde** übrig haben.

10. Wie wird die Prüfung bewertet?

Neben jeder Aufgabe ist die Punktzahl, die man mit der richtigen Lösung erreichen kann, genau angegeben. Ab dem Jahrgang 2014 ist bei manchen Aufgaben zudem ein kleiner schwarzer **Stern** (∗) zu sehen. Diese musst du nur dann lösen, wenn du den **Mittleren Schulabschluss** machen willst – für die **erweiterte Berufsbildungsreife** (eBBR) genügt es, die Aufgaben **ohne Stern** zu bearbeiten. Dementsprechend gibt es zwei verschiedene Bewertungskategorien: „Fundamentum" und „Additum" (also in etwa „grundlegende Punkte" und „zusätzliche Punkte"). Aber Achtung! Bearbeite möglichst alle Aufgaben; denn am Ende gehen alle Punkte in deine Bewertung mit ein, egal welchen Abschluss du erreichen willst! Wenn du mit deinen Lösungen mindestens 60 Prozent der Gesamtpunktzahl beim MSA bzw. 50 Prozent bei der eBBR erzielst, hast du die Prüfung mit der Note „ausreichend" bestanden.

11. Kann man die Prüfung wiederholen, wenn man sie nicht bestanden hat?

Nein, das kannst du nicht. Wenn du nur in einem Fach die Prüfung nicht bestanden hast (z. B. in Mathematik), kannst du den MSA bzw. die eBBR aber trotzdem schaffen, wenn das Ergebnis in einem **anderen Fach** mindestens mit „befriedigend" bewertet worden ist. Allerdings müssen auch die **Jahresnoten** stimmen. Den MSA bekommt nämlich nur derjenige, der sowohl die Prüfung bestanden als auch im Zeugnis den geforderten Notendurchschnitt erzielt hat.

1

Herr Baedeker irrt nie

Er wurde als Landstreicher verhaftet und ein Erbsenzähler genannt.
Doch als Karl Baedeker 1859 starb, stand sein Name für ein neues
Genre[1]: den Reiseführer.
Andreas Austilat

1 Geschlafen hat er in einer Scheune. Vielleicht sieht er deshalb ein wenig deran-
giert[2] aus. Er ist jung, gerade 19 Jahre alt, und er stellt verdächtig viele Fragen:
Wie viele Menschen leben hier und wie viele Pferde. Er interessiert sich für den
Besitz der Einwohner, will wissen, wie oft der Postwagen fährt. Niemand im
5 schlesischen Pilchow kennt den Burschen; die Polizei wird alarmiert, durchsucht
ihn, findet zwei Notizbücher und nimmt ihn mit zum Verhör.

Der junge Mann weist sich als Karl Baedeker aus, Buchdruckerlehrling aus
Berlin. Was hat er zu seiner Entlastung vorzubringen? Darüber steht nichts in
den Pilchower Polizeiakten vom 5. Juni 1820. Aber es spricht einiges dafür, dass
10 sich Baedeker ungefähr so verteidigt: Ich will einmal ein Handbuch für Reisende
verfassen. Darin wird stehen, wie lange ein Schiff von Köln bis Koblenz braucht,
wann und wo es unterwegs anhält. Ich werde aufschreiben, wo in Frankfurt man
für wie viel Geld eine Mahlzeit bekommt, die diesen Namen verdient, und welche Bilder im Pariser Louvre man sich angucken muss. Die Gendarmen[3] dürften
15 herzlich gelacht haben. Wer soll sich 1820 für solch ein Buch interessieren? [...]

Karl Baedeker wird verhaftet. Landstreicherei lautet der Vorwurf, dem sich
seinerzeit jeder aussetzt, der ohne plausible Erklärung auf Deutschlands Straßen
unterwegs ist. Aber er kommt schnell wieder frei, sein Vater, ein angesehener
Buchdrucker und Verleger aus Essen, kann für ihn bürgen. Und Karl wird seine
20 Idee verwirklichen. Als er fast 40 Jahre später, am 4. Oktober 1859, stirbt, liegt
eine bemerkenswerte Karriere hinter ihm. Sechs Reiseführer hat er verfasst, einige
erscheinen sogar auf Englisch und Französisch [...]. Baedekers Name ist Synonym
für das ganze, junge Genre. [...]

Wer seinerzeit zum Vergnügen reist, ist in der Regel noch jung, von Adel und
25 zur Vervollkommnung seiner Erziehung unterwegs. „Grand Tour" nennen das die
Engländer, und englische Gentlemen sind die Ersten, die sich auf den Weg machen. [...] 1835 fährt in Deutschland die erste Eisenbahn sechs Kilometer von
Nürnberg nach Fürth. Drei Jahre später besteigt Baedeker das erste Mal eine Bahn
und schreibt danach dem Vater: „Welche Lust gewährt das Reisen." Mitte der
30 vierziger Jahre sind in Deutschland schon 1 000 Kilometer Schienen verlegt. [...]

Baedeker sagt seinen Lesern, wer wie viel Trinkgeld bekommt und wann man die Rechnung lieber überprüfen sollte. Er rät dazu, auf Rheinschiffen gut auf den Fahrschein aufzupassen – weil man sonst beim Aussteigen noch einmal bezahlt. Und einen Trick hat er auch noch parat: Wenn der Zimmerservice eine neue Kerze für die Nacht bringt, sollte man ausdrücklich nach einer halb abgebrannten fragen. Die neue taucht sonst mit fünf Silbergroschen auf der Rechnung auf. Immerhin ein Drittel des Zimmerpreises.

Natürlich bleibt das Reisen im 19. Jahrhundert etwas für die bessergestellten Stände. Zwölf Tage etwa veranschlagt Baedeker für eine Reise durch Holland, um „einen flüchtigen Überblick" zu erlangen. Die Kosten für den Trip setzt er mit rund 36 Talern an, für einen Handwerker sind das sechs Wochenlöhne. Tourismus ist noch kein Massenmarkt. Groß genug, einen Verleger zu ernähren, ist er schon. [...]

1844 erscheint sein Hauptwerk „Deutschland und der österreichische Kaiserstaat". Baedeker festigt seinen Ruf, sich nicht nur in fremde Seelen einzufühlen („Tee trinkt der Österreicher nur, wenn er krank ist"), sondern es überdies ganz genau zu nehmen. Auf der Treppe des Mailänder Doms steckt er sich alle 20 Stufen eine Erbse in die Tasche, um bloß nicht durcheinander zu kommen. Es gibt schon damals Leute, die ihn dafür einen Erbsenzähler nennen. Kein Weg ist ihm zu lang, für „Paris", seinen letzten selbst verfassten Band, verbringt er 13 1/2 Stunden auf dem Friedhof Père Lachaise, auf dem damals noch kein Jim Morrison und kein Gilbert Bécaud, dafür aber ein Molière[4] liegt. Baedeker lässt kein Grab aus, der Friedhof ist ihm zwei Sterne wert.

Solche Anekdoten machen ihn zur Legende. In der englischen Übersetzung des Librettos[5] zu Jacques Offenbachs Operette „La Vie Parisienne"[6] heißt es gar: „Kings and governments may err but never Mr. Baedeker."[7] Und als er 1859 stirbt, lassen seine Söhne die Leser wohl ganz bewusst darüber im Unklaren, wer die Bände eigentlich verfasst, die nun erscheinen. Es sind durchaus namhafte Archäologen, Kunsthistoriker und Geografen. Auf dem Einband allerdings steht nach wie vor der Name Karl Baedeker. [...]

Eine Erwähnung im Baedeker konnte Segen bedeuten, etwa für die Gastronomen, deren Haus gelobt wurde, oder Fluch. So beschwerte sich die Handelskammer von Neapel 1866 beim preußischen Gesandten über einen Angriff auf die Ehre Italiens: Karl Baedeker verbreite in ganz Europa, „dass in Neapel das Plündern von Reisekoffern häufig vorkomme".

Der war da eigentlich schon sieben Jahre tot. Aber das mochte sowieso keiner glauben. Noch bis in die 90er Jahre des 20. Jahrhunderts erreichten Briefe den Verlag, die an den Gründer selbst adressiert waren. Dabei arbeitete zu jener Zeit schon kein Nachfahre mehr im Haus. Eva Baedeker verkaufte nach dem Tod ihres Sohnes Florian, Ururenkel von Karl, ihre Anteile Anfang der 80er Jahre an Langenscheidt, heute gehört das Unternehmen zur MairDumont-Gruppe. Geblieben ist der Name des großen Reisenden, über den die Londoner „Times" einmal schrieb: „Karl Baedeker hat die moderne Welt ebenso entscheidend verändert wie Hegel und Marx."

Auszug aus „Der Tagesspiegel" vom 27.09.2009

1 hier: neue Form von Literatur/Gattung
2 ungepflegt/unordentlich
3 Polizeibeamten
4 Jim Morrison, Gilbert Bécaud und Molière: Namen bedeutender Künstler
5 Textbuch zu Opern und Operetten
6 sinngemäß: das Leben in Paris
7 mögliche Übersetzung: Könige und Regierungen können irren, aber niemals Herr Baedeker.

Lesekompetenz – Aufgaben zu Text 1
„Herr Baedeker irrt nie"

Punkte

101 Der junge Baedeker wird auf einer seiner ersten Reisen bei der Polizei angezeigt. Notieren Sie, …

2

a) … was ihn verdächtig macht.	
b) … wer ihn anzeigt.	

102 Ergänzen Sie das Formular. Notieren Sie Angaben zum Vorfall und zur Person mit jeweils einer im Text genannten Information.

3

Vernehmungsprotokoll	
a) Ort der Vernehmung	
b) Tag der Vernehmung	
c) Name, Vorname	
d) Alter	
e) Beruf/derzeitige Tätigkeit	
f) Wohnort	
g) Vorwurf der Polizei	
h) Aussage zur Verteidigung	
i) Maßnahme der Polizei	

103 Welche Berufe übt Baedekers Vater aus? Notieren Sie einen.

1

104 Baedeker muss nicht lange im Gefängnis bleiben. Notieren Sie den Grund, warum er so schnell entlassen wird.

1

_____

105 Für sein Handbuch für Reisende sammelt Baedeker Informationen und Angaben über ...

3

	richtig	falsch
a) ... Menschen, die man auf Reisen kennen-lernen sollte.	☐	☐
b) ... Trinkgelder, die man während der Reise geben sollte.	☐	☐
c) ... Sehenswürdigkeiten, die man besuchen sollte.	☐	☐
d) ... Sternbilder, die man für den Notfall kennen sollte.	☐	☐
e) ... Reisezeiten, die man einplanen sollte.	☐	☐

106 Zur Zeit Baedekers reiste man selten nur zum Vergnügen. Notieren Sie aus dem Text (vgl. Z. 24–30), ...

2

a) ... wer damals üblicherweise reiste.	
b) ... zu welchem Zweck Reisen unternommen wurden.	

107 Inwieweit erleichterte die Erweiterung des Schienennetzes das Reisen? Notieren Sie einen Grund aus Ihrem Alltagswissen.

1

_____

108 Im Text heißt es: „Baedeker lässt kein Grab aus, der Friedhof ist ihm zwei Sterne wert." (Z. 52–53). Erläutern Sie mit eigenen Worten, wozu ihm die Sterne dienten.

1

_____

_____

109 Für eine Reise durch Holland veranschlagt Baedeker zwölf Tage (vgl. Z. 39). Wie lange musste ein Handwerker zu jener Zeit arbeiten, um diese Reise bezahlen zu können?

1

110 Als „Erbsenzähler" wird heutzutage umgangssprachlich und ironisch abwertend eine Person bezeichnet, die äußerst kleinlich ist. Dieser Begriff geht zurück auf eine Verhaltensweise Karl Baedekers. Notieren Sie …

2

a) …, wozu Baedeker die „Erbsenzählerei" seinerzeit diente.	
b) … eine positive Charaktereigenschaft, die sich aus dieser Verhaltensweise ableiten lässt.	

111 Im Text heißt es: „Eine Erwähnung im Baedeker konnte Segen bedeuten [...] oder Fluch." (Z. 61–62). Notieren Sie einen möglichen Nachteil, den eine Erwähnung in einem Reiseführer auch heute nach sich ziehen könnte.

1

112 Im Text wird gesagt, Karl Baedeker habe die Welt entscheidend verändert (vgl. Z. 73). Erläutern Sie diese Aussage.

2

113 Erläutern Sie die Bedeutung des Titels „Herr Baedeker irrt nie".

2

114 Notieren Sie einen möglichen Grund, warum die Reiseführer auch nach Baedekers Tod bis heute unter dessen Namen veröffentlicht werden.

1

Sprachwissen und Sprachbewusstsein – Aufgaben zu Text 1 Punkte

151 In welchem Tempus ist der Text <u>überwiegend</u> verfasst?

1

☐ Präteritum

☐ Futur

☐ Perfekt

☐ Präsens

152 In den Zeilen 4–5 heißt es: „Niemand im schlesischen Pilchow kennt den Burschen …“. Notieren Sie ein standardsprachliches Synonym für „Bursche".

1

153 Ordnen Sie jedem Satz die richtige Nummer zu.

1) Hauptsatz
2) Satzreihe/Satzverbindung
3) Satzgefüge mit Konjunktionalsatz
4) Satzgefüge mit Relativsatz

	Nummer
a) „Sechs Reiseführer hat er verfasst, einige erscheinen sogar auf Englisch und Französisch." (Z. 21–22)	
b) „Noch bis in die 90er Jahre des 20. Jahrhunderts erreichten Briefe den Verlag, die an den Gründer selbst adressiert waren." (Z. 67–68)	
c) „1844 erscheint sein Hauptwerk ‚Deutschland und der österreichische Kaiserstaat'." (Z. 44–45)	

(Punkte: a) 1, b) 1, c) 1)

154 In Zeile 38 wird das Wort „bessergestellten" verwendet. Notieren
Sie, …   2

| a) … was dieses Wort im Text-zusammenhang bedeutet. | |
| b) … weshalb dieses Wort hier nicht auseinander geschrie-ben werden darf. | |

155 Im Text steht der Satz: „Die Gendarmen dürften herzlich gelacht haben." (Z. 14–15). Notieren Sie, warum hier der Konjunktiv verwendet wurde.   1

_____

_____

156 Unterstreichen Sie das vollständige Prädikat im folgenden Satz.

„Und Karl wird seine Idee verwirklichen." (Z. 19–20)   1

157 Im Text heißt es: „Die neue [Kerze] taucht sonst mit fünf Silbergroschen auf der Rechnung auf. Immerhin ein Drittel des Zimmerprei-
ses." (Z. 36–37). Der zweite Satz ist unvollständig. Notieren Sie,
welche Satzglieder hier fehlen.   2

_____

_____

158 Der erste Satz des Textes beginnt mit einer Inversion (Veränderung
des üblichen Satzbaus). Notieren Sie einen möglichen Grund für die
Verwendung dieses Stilmittels.   1

_____

_____

159 Im Text heißt es: „Aber das mochte sowieso keiner glauben."
(Z. 66–67). Worauf bezieht sich das Wort „das"?   1

_____

_____

160 Im Text heißt es: „[…], dass sich Baedeker ungefähr so verteidigt: Ich will einmal […]." (Z. 9–10). Damit wird eine direkte Rede angedeutet, die aber vom Autor erfunden ist. Notieren Sie …   2

a) …, wo diese erfundene direkte Rede im Text endet, indem Sie die letzten drei Wörter aufschreiben.	
b) … einen möglichen Grund für die Verwendung dieses stilistischen Mittels.	

161 Notieren Sie den Fachbegriff für die Steigerungsform des Adjektivs „später".   1

162 Im Text heißt es: „Wenn der Zimmerservice eine neue Kerze für die Nacht bringt, sollte man ausdrücklich nach einer halb abgebrannten fragen." (Z. 34–36). Notieren Sie, warum „abgebrannten" kleingeschrieben werden muss.   1

Sprachwissen und Sprachbewusstsein gesamt   **17**

2 Der Afrikaner
J. M. G. Le Clézio

Eine Afrikareise in der Kindheit wurde für Le Clézio zu einem einschneidenden Erlebnis. Hier lernte er eine berauschende Freiheit kennen, eine ganz neue Welt, die ihn mit ihren fremden Lebensformen, den exotischen Gerüchen und Farben in ihren Bann schlug und nie wieder loslassen sollte. Von dieser Reise erzählt er
5 *in diesem Text und zeichnet dabei gleichzeitig ein Portrait seiner Familie.*

[...] Mein Vater erzählte mir eines Tages, wie er den Entschluss gefasst hat, ans Ende der Welt zu gehen, nachdem er sein Medizinstudium im Londoner Saint Joseph's Hospital in Elephant & Castle beendet hatte. Da er vom Staat ein Stipendium erhalten hatte, musste er eine gemeinnützige Arbeit[1] übernehmen. Und
10 so bekam er eine Anstellung in der Abteilung für tropische Erkrankungen im Southamptoner Krankenhaus. Er fuhr mit dem Zug nach Southampton und nahm sich ein Zimmer in einer Pension. Da er seinen Dienst erst drei Tage später anzutreten brauchte, schlenderte er durch die Stadt und sah sich die Schiffe an, die im Hafen zum Auslaufen bereit lagen. Als er in die Pension zurückkehrte, fand
15 er einen schroffen[2] Brief vom Chefarzt des Krankenhauses vor: „Sir, ich habe Ihre Visitenkarte noch nicht erhalten." Mein Vater ließ sich also Visitenkarten drucken (ich habe noch eine davon), auf denen nur sein Name stand, ohne Titel und ohne Adresse. Gleichzeitig beantragte er seine Versetzung ans *Colonial Office*[3]. Ein paar Tage später ging er an Bord eines Schiffes, das Kurs nach George-
20 town in Britisch-Guayana nahm. Bis auf zwei kurze Urlaube für seine Eheschließung und dann für die Geburt seiner Kinder kehrte er bis Ende seiner Dienstzeit nie wieder nach Europa zurück.

Ich habe versucht mir vorzustellen, wie sein Leben (und folglich auch meins) hätte aussehen können, wenn er [...] sich in einem Londoner Vorort selb-
25 ständig gemacht hätte (so wie mein Großvater es in einem Pariser Vorort getan hatte), in Richmond zum Beispiel oder sogar in Schottland (einem Land, das er immer gern gemocht hatte). Es geht mir dabei nicht um die Folgen, die das für das Leben seiner Kinder gehabt hätte (denn ob man hier oder dort geboren wird, ist im Grunde ziemlich unwichtig). Sondern darum, wie es sich auf ihn als
30 Mensch ausgewirkt hätte, ein geregeltes, nicht ganz so einsames Leben zu führen. Menschen zu heilen, die Schnupfen oder Verstopfung haben, anstatt Kranke zu versorgen, die an Lepra, Malaria oder an der Schlafkrankheit leiden. Sich nicht unter außergewöhnlichen Bedingungen durch Gesten, mit Hilfe eines Dolmetschers oder in der rudimentären[4] Sprache verständlich zu machen, die man
35 Pidgin English[5] nennt. [...]

Er hat einen anderen Weg eingeschlagen. Vermutlich aus Stolz, um der tristen[6] englischen Gesellschaft zu entfliehen, und nicht zuletzt aus Abenteuerlust.

Aber dieser andere Weg hatte seinen Preis. Er führte ihn in eine andere Welt, in ein anderes Leben. Zwang ihn, die Kriegszeit im Exil zu verbringen, auf seine
40 Frau und seine Kinder zu verzichten, und ließ ihn auf gewisse Weise unweigerlich zu einem Fremden werden.

Als ich meinen Vater zum ersten Mal in Ogoja sah, trug er, meine ich mich zu erinnern, einen Zwicker[7]. [...] Ich glaube, dass der Schock, den ich in den ersten Stunden nach meiner Ankunft in Nigeria erlebt habe – die lange Fahrt im
45 strömenden Regen über die unbefestigte Straße von Port Harcourt nach Ogoja in dem riesigen, futuristischen Ford V8, der keinerlei Ähnlichkeit mit irgendeinem anderen bekannten Fahrzeug hatte –, dass dieser Schock nicht nur durch Afrika, sondern durch die Begegnung mit diesem unbekannten, seltsamen, möglicherweise nicht ungefährlichen Vater ausgelöst worden ist. [...]

50 Seine autoritäre Haltung wurde sofort zu einem Problem. Mein Bruder und ich hatten gleichsam in einem anarchistischen[8] Paradies gelebt, in dem so gut wie keine Disziplin herrschte. Die einzige Autorität, mit der wir bisher konfrontiert worden waren, ging von meiner Großmutter aus, einer großherzigen, feinsinnigen alten Dame, die jede Form von körperlicher Züchtigung grundsätzlich
55 ablehnte und stattdessen Vernunft und Sanftheit walten ließ. Mein Großvater mütterlicherseits war auf Mauritius nach strengeren Prinzipien erzogen worden, aber sein hohes Alter, seine Liebe zu meiner Großmutter und die gewissermaßen verstimmte Distanz, mit der sich starke Raucher oft abschirmen, bewirkten, dass er sich die meiste Zeit in einem winzigen Zimmer einschloss, um in Ruhe seinen
60 Knaster[9] zu rauchen.

Meine Mutter war der Inbegriff der Phantasie und des Charmes. Wir liebten sie, und ich nehme an, dass sie über unsere Dummheiten lachte. Ich erinnere mich nicht, je gehört zu haben, dass sie die Stimme erhob. Und daher konnten wir uns in der kleinen Wohnung ungehindert austoben. Wir haben in den Jahren
65 vor unserer Abreise nach Afrika Dinge getan, die mir rückblickend tatsächlich ziemlich erschreckend vorkommen: Eines Tages bin ich auf Anregung meines Bruders mit ihm über das Balkongeländer geklettert (es überragte mich um ein ganzes Stück, ich sehe es noch heute vor mir), um zur Regenrinne zu gelangen, von wo aus man, da es sich um den sechsten Stock handelte, einen schönen Blick
70 auf das ganze Viertel hatte. Ich nehme an, dass meine Großeltern und meine Mutter so erschrocken waren, dass sie, nachdem wir uns bereit gefunden hatten zurückzukommen, uns zu bestrafen vergaßen.

[...] Ich erinnere mich auch, dass ich Wutanfälle bekam, weil man mir etwas verweigerte, ein Bonbon, ein Spielzeug, also kurz gesagt ein so belangloser
75 Anlass, dass ich mich nicht mehr daran erinnere, und diese Wutanfälle konnten so weit gehen, dass ich alles aus dem Fenster warf, was mir in die Hände fiel, bisweilen sogar Möbelstücke. In solchen Augenblicken konnte mich nichts und niemand besänftigen. [...]

Die Reise nach Afrika machte all dem ein Ende. Ein radikaler Wandel: Auf
80 Anweisung meines Vaters musste ich mir vor der Abfahrt die Haare, die ich bis
dahin wie ein kleiner Bretone¹⁰ schulterlang getragen hatte, schneiden lassen, was
zur Folge hatte, dass ich einen furchtbaren Sonnenbrand auf den Ohren bekam
und mich den Normen der Männerwelt endgültig fügen musste. Nie wieder sollte
ich an Migräne leiden, nie wieder den Wutanfällen meiner Kindheit freien Lauf
85 lassen. Die Ankunft in Afrika war für mich der erste Schritt in die Welt der Erwachsenen.

Aus: J. M. G. Le Clézio: Der Afrikaner. Hanser Verlag, 2007, S. 48 – 56, aus dem Französischen von
Uli Wittmann (Die Rechtschreibung wurde den neuen Regeln angepasst.)

1 unentgeltliche Arbeit für die Gemeinschaft und für das Wohl der Gesellschaft
2 kurzen und unfreundlichen
3 Amt, das sich mit Belangen der englischen Kolonien beschäftigte
4 hier: einfachen
5 hier: eine Mischsprache aus sehr einfachem Englisch und afrikanischen Sprachen
6 freudlosen, eintönigen
7 bügellose Brille
8 hier: regellosen
9 Tabak
10 Bewohner der Region Bretagne in Frankreich

Lesekompetenz – Aufgaben zu Text 2 „Der Afrikaner"   Punkte

201 Der Erzähler schreibt insbesondere über seinen Vater. Notieren
Sie …

a) … den Beruf seines Vaters.		1
b) …, warum dieser nach dem Studium eine gemeinnützige Arbeit übernehmen musste.		1
c) …, wo er diese zunächst ausführen sollte.		1

202 Wohin fuhr der Vater des Erzählers zuerst mit dem Schiff?   1

203 Im Text heißt es, dass der eingeschlagene Weg des Vaters des Erzählers „seinen Preis" hatte (Z. 38). Notieren Sie ein Beispiel dafür, worin der „Preis" bestand.   1

204 Der Erzähler schreibt über seine Familie. Notieren Sie je eine Charaktereigenschaft für die unten genannten Familienmitglieder.

3

Familienmitglied	Charaktereigenschaft
a) Mutter:	
b) Großmutter:	
c) Vater:	

205 Über den Großvater lassen sich verschiedene Aussagen treffen. Welche der folgenden Aussagen sind richtig bzw. falsch?

3

	richtig	falsch
a) Der Großvater will Auseinandersetzungen mit seiner Familie heraufbeschwören.	☐	☐
b) Der Großvater ist ein egoistischer und rücksichtsloser Mensch.	☐	☐
c) Der Großvater liebt seine Frau.	☐	☐
d) Der Großvater hat andere Erziehungsvorstellungen als seine Frau.	☐	☐
e) Der Großvater mischt sich in die Erziehung seiner Enkel nicht ein.	☐	☐

206 Im Text heißt es, dass der Erzähler vor seiner Abreise nach Afrika über ein Balkongeländer gestiegen sei (Z. 64–72). Er tat dies, um …

1

a) … seinem Bruder gegenüber Mut zu beweisen.	☐
b) … zur Regenrinne zu gelangen.	☐
c) … als Held dazustehen.	☐
d) … seine Großeltern und seine Mutter zu erschrecken.	☐

207 Welche Krankheiten behandelte der Vater in Afrika? Notieren Sie eine.

1

208 Die Ankunft in Afrika war für den Erzähler „der erste Schritt in die
Welt der Erwachsenen." (Z. 85–86). Damit ist gemeint, dass ...   2

	richtig	falsch
a) ... er sich neuen Anforderungen stellen musste.	☐	☐
b) ... er reifer wurde, da er in Afrika sein kindliches Verhalten ablegen musste.	☐	☐
c) ... er bei seiner Ankunft in Afrika volljährig war.	☐	☐
d) ... für ihn in Afrika ein neuer Lebensabschnitt begann.	☐	☐

209 Notieren Sie zwei Eindrücke, die beim Erzähler bei seiner Ankunft
in Nigeria einen Schock auslösten.

a) ein Eindruck:		1
b) ein weiterer Eindruck:		1

210 Im Text heißt es: „Seine autoritäre Haltung wurde sofort zu einem
Problem." (Z. 50). Notieren Sie, ...

a) ... auf welche Person sich „Seine" bezieht.		1
b) ... für wen diese Haltung zu einem Problem wurde.		1
c) ... weshalb diese Haltung zu einem Problem wurde.		1

211 Der Leser erfährt, dass der Erzähler als Kind auffällige Verhaltens-
weisen zeigte. Notieren Sie ...

a) ... ein Beispiel für ein solches Verhalten aus dem Text.		1
b) ..., warum er sich so verhalten konnte.		2

Lesekompetenz gesamt   23

Sprachwissen und Sprachbewusstsein – Aufgaben zu Text 2

251 Im Text (Z. 36–37) gibt es einen unvollständigen Satz. Notieren Sie diesen.

1

252 Notieren Sie die Rechtschreibregel, die die Schreibung von „Anlass" (Z. 75) erklärt.

1

253 In Zeile 54 wird von „körperlicher Züchtigung" gesprochen. Notieren Sie ein passendes Synonym für „körperliche Züchtigung".

1

254 In Zeile 78 wird das Wort „besänftigen" verwendet. Notieren Sie den Wortstamm.

1

255 Im Text steht. „[...] wie sein Leben (und folglich auch meins) hätte aussehen können [...]" (Z. 23–24). Notieren Sie, welcher Modus hier gewählt wurde.

1

256 Im Text gibt es zahlreiche Komposita, bestehend aus zwei Substantiven. Notieren Sie ein Beispiel aus den Zeilen 73–78.

1

257 In Zeile 74–75 wird von einem „belanglosen Anlass" gesprochen. Notieren Sie ein hier passendes Synonym für „belanglos".

1

258 Bestimmen Sie Haupt- und Nebensätze in folgendem Satzgefüge: 1

„Ich nehme an,	HS
dass meine Großeltern und meine Mutter so erschrocken waren,	NS
dass sie uns zu bestrafen vergaßen,	NS
nachdem wir uns bereit gefunden hatten zurückzukommen."	NS

259 Im Text wird davon gesprochen, dass der Vater zuerst „ans Ende der Welt" (Z. 6–7) reiste.

| a) Um welches Stilmittel handelt es sich hier? | Hyperbel | 1 |
| b) Erläutern Sie, was mit dieser Formulierung gemeint ist. | Er ist sehr weit weg | 1 |

260 In den Zeilen 83–84 findet sich eine Anapher, um einen Sachverhalt besonders hervorzuheben. Erläutern Sie, was hier besonders betont werden soll.   1

Er will entgültig seinen alten Gewohnheiten ablegen

261 Im Deutschen gibt es drei Genera (Maskulinum, Femininum, Neutrum). Notieren Sie aus den Zeilen 79–80 jeweils ein entsprechendes Substantiv mit dem dazugehörigen bestimmten Artikel im Singular und – falls möglich – im Plural.   2

	Singular	Plural
a) Maskulinum:	der Wandel	~~die Wandel~~
b) Femininum:	Die Reise	Reisen
c) Neutrum:	das Ende	die Enden

Sprachwissen und Sprachbewusstsein gesamt   13

2011-15

Woher kommen die Zahlen für die Klimabilanz?
Die Daten für den CO2-Fußabdruck[1] des deutschen Durchschnittsbürgers hat das Heidelberger Institut für Energie und Umweltforschung (ifeu) 2007 im Auftrag des Umweltbundesamts zusammengetragen. Die Werte in den äußeren Kreisen der Grafiken, die auf der nächsten Seite stehen, sind gerundete Werte aus verschiedenen anderen Quellen und eigenen Berechnungen. Einige Anmerkungen zu den einzelnen Posten:

– **Öffentliche Dienstleistungen:** Die Emissionen, die der Staat verursacht, werden gleichmäßig auf alle Einwohner verteilt, es ist eine Art Emissions-„Grundstock".

– **Konsum:** Umfasst neben dem Transport der Güter auch die Emissionen, die bei der Herstellung eines Produkts im Ausland entstehen, das hier konsumiert wird. In Deutschland für den Export hergestellte Güter bleiben außen vor.

– **Verkehr:** Nur Personenverkehr ohne Gütertransporte.

– Das Umweltbundesamt bietet auf seiner Webseite einen Rechner für den persönlichen Kohlendioxidausstoß (CO2-Ausstoß): www.uba.de.

Aus: DIE TAGESZEITUNG, Montag, 14. Dezember 2009

1 Der CO2-Fußabdruck dient als Bezeichnung, um die Auswirkungen menschlicher Aktivitäten auf das Klima darstellen zu können.

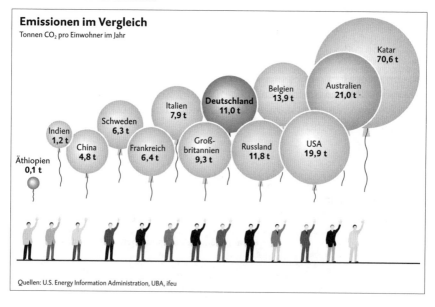

Emissionen im Vergleich
Tonnen CO_2 pro Einwohner im Jahr

Katar 70,6 t
Belgien 13,9 t
Australien 21,0 t
Deutschland 11,0 t
Italien 7,9 t
Schweden 6,3 t
Indien 1,2 t
China 4,8 t
Frankreich 6,4 t
Groß-britannien 9,3 t
Russland 11,8 t
USA 19,9 t
Äthiopien 0,1 t

Quellen: U.S. Energy Information Administration, UBA, ifeu

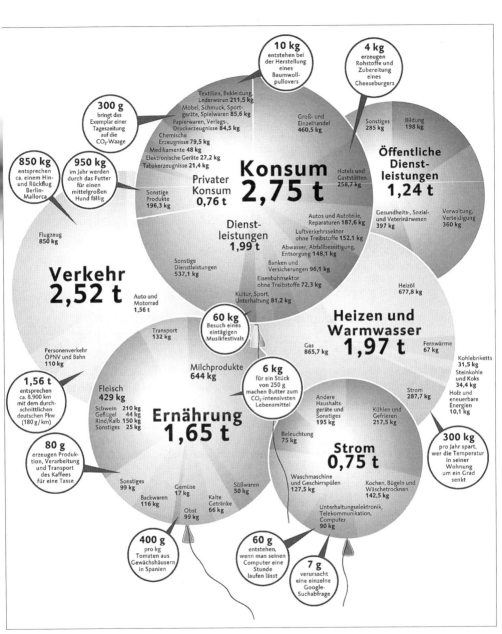

10 kg entstehen bei der Herstellung eines Baumwollpullovers

4 kg erzeugen Rohstoffe und Zubereitung eines Cheeseburgers

300 g bringt das Exemplar einer Tageszeitung auf die CO_2-Waage

Textilien, Bekleidung, Lederwaren 211,5 kg
Möbel, Schmuck, Sport- geräte, Spielwaren 85,6 kg
Papierwaren, Verlags-, Druckerzeugnisse 84,5 kg
Chemische Erzeugnisse 79,5 kg
Medikamente 48 kg
Elektronische Geräte 27,2 kg
Tabakerzeugnisse 21,4 kg

Groß- und Einzelhandel 460,5 kg

Sonstiges 285 kg
Bildung 198 kg

Öffentliche Dienstleistungen 1,24 t

850 kg entsprechen ca. einem Hin- und Rückflug Berlin-Mallorca

950 kg im Jahr werden durch das Futter für einen mittelgroßen Hund fällig

Sonstige Produkte 196,3 kg

Privater Konsum 0,76 t

Konsum 2,75 t

Hotels und Gaststätten 258,7 kg

Gesundheits-, Sozial- und Veterinärwesen 397 kg

Verwaltung, Verteidigung 360 kg

Flugzeug 850 kg

Verkehr 2,52 t

Dienstleistungen 1,99 t

Autos und Autoteile, Reparaturen 187,6 kg
Luftverkehrssektor ohne Treibstoffe 152,1 kg
Abwasser, Abfallbeseitigung, Entsorgung 148,1 kg
Banken und Versicherungen 96,1 kg
Eisenbahnsektor ohne Treibstoffe 72,3 kg

Sonstige Dienstleistungen 537,1 kg

Auto und Motorrad 1,56 t

Kultur, Sport, Unterhaltung 81,2 kg

Heizöl 677,8 kg

Heizen und Warmwasser 1,97 t

Transport 132 kg

60 kg Besuch eines eintägigen Musikfestivals

Gas 865,7 kg

Fernwärme 67 kg

Personenverkehr ÖPNV und Bahn 110 kg

Milchprodukte 644 kg

6 kg für ein Stück von 250 g machen Butter zum CO_2-intensivsten Lebensmittel

Kohlebriketts 31,5 kg
Steinkohle und Koks 34,4 kg
Holz und eneuerbare Energien 10,1 kg

1,56 t entsprechen ca. 8.900 km mit dem durch- schnittlichen deutschen Pkw (180 g/km)

Fleisch **429 kg**

Schwein 210 kg
Geflügel 44 kg
Rind/Kalb 150 kg
Sonstiges 25 kg

Ernährung 1,65 t

Andere Haushalts- geräte und Sonstiges 195 kg

Kühlen und Gefrieren 217,5 kg

Strom 287,7 kg

300 kg pro Jahr spart, wer die Temperatur in seiner Wohnung um ein Grad senkt

80 g erzeugen Produk- tion, Verarbeitung und Transport des Kaffees für eine Tasse

Sonstiges 99 kg

Gemüse 17 kg

Süßwaren 50 kg

Beleuchtung 75 kg

Strom 0,75 t

Backwaren 116 kg

Kalte Getränke 66 kg

Obst 99 kg

Waschmaschine und Geschirrspülen 127,5 kg

Kochen, Bügeln und Wäschetrocknen 142,5 kg

Unterhaltungselektronik, Telekommunikation, Computer 90 kg

400 g pro kg Tomaten aus Gewächshäusern in Spanien

60 g entstehen, wenn man seinen Computer eine Stunde laufen lässt

7 g verursacht eine einzelne Google- Suchabfrage

taz-Grafiken: Infotext/Markus Kluger. Recherche: Manuel Bogner. Datenbasis: UBA, ifeu u.a., erschienen in der taz vom 14.12.2009

Lesekompetenz – Aufgaben zu den Texten „Meine elf Tonnen"

Punkte

301 In welchem Jahr wurden die Daten für die Grafiken zusammengetragen?

1

302 Wer hat den Auftrag für die Zusammenstellung der Daten erteilt?

1

303 Worüber informiert die Grafik „Emissionen im Vergleich"?

2

304 Notieren Sie den Anteil des CO_2-Ausstoßes, den ein eingeschalteter Computer in einer Stunde verursacht.

1

305 Welches deutsche Institut verbirgt sich hinter der Abkürzung „ifeu"?

1

306 Eine Grafik zeigt, wie viel CO_2 bei der Herstellung verschiedener Lebensmittel produziert wird. Notieren Sie, welches Lebensmittel am meisten CO_2 verursacht.

1

307 In den Grafiken werden drei unterschiedliche Maßeinheiten benutzt. Notieren Sie alle.

1

308 Wo können Sie Ihren „persönlichen CO_2-Ausstoß" berechnen lassen?

1

309 In einer Grafik werden für das Heizen und die Warmwasserbereitung verschiedene Energielieferanten aufgeführt. Notieren Sie den größten Energieträger.

1

310 Notieren Sie die Menge an CO_2, die sich durch das Absenken der Temperatur in der Wohnung um ein Grad innerhalb eines Jahres einsparen lässt.   1

_____

_____

311 Erläutern Sie, was mit Emissions-„Grundstock" gemeint ist.   1

_____

_____

312 Erläutern Sie, warum es in der Überschrift „Meine elf Tonnen" heißt und nicht einfach nur „Elf Tonnen".   2

_____

_____

_____

Lesekompetenz gesamt   **14**

4 Schreibkompetenz – Überarbeiten eines Textes

Während Ihres Praktikums in einem Reisebüro erhalten Sie die Aufgabe, fehlerhafte Hotelbewertungen zu überarbeiten, sodass diese veröffentlicht werden können.

Verbessern Sie alle Rechtschreib-, Zeichensetzungs-, Grammatik- und Ausdrucksfehler, wobei die Grammatikfehler unterschiedlicher Art sein können, z. B. Fehler in der Lexik, beim Kasus usw.

Punkte

481	**Ein Ort zum genießen ...**	R: *Genießen*	1
482	An dieser Ferienanlage begeisterte mich die außergewönliche Lage.	R: *außergewöhnliche*	1
483	Das Hotel lag direkt an die Dünen von Maspalomas und war ein wenig abseits vom Zentrum von Playa del Ingles.	Gr (Kasus): *den (Dat.)*	1
484	Es befand sich an einem ruhigen Standort, aber zu Fuß kann man zu einem Einkaufszentrum laufen oder man fuhr mit einem Bus in das Stadtzentrum.	Gr (Tempus): *konnte*	1
485	Mann kam von diesem Hotel schnell zu anderen Ausflugszielen.	R: *Man*	1
486	Das Hotel wurde erst 2003 komplett erarbeitet.	Gr (Lexik): *fertiggestellt*	1
487	Es gab zwei Pools mit genügent Liegen, Auflagen und Sonnenschirmen.	R: *genügend*	1

488	Die Zimmer waren geräumig, sauber und _hatte_ eine umfangreiche Ausstattung.	Gr (Numerus): _hatten_	1
489	Es wurden _irre_ viele Sportarten angeboten.	A (Umgangssprache): _sehr_	1
490	Es gab morgens und abends ein umfangreiches, und abwechslungsreiches Buffet.	Z: *Korrigieren Sie den Fehler im Text!*	1
491	Mit dem Essen war ich sehr zufrieden, weil es gab meistens einheimische Speisen.	Gr (Satzbau): _gab am Ende_	1
492	Mein abschliessendes Urteil: ein rundum gelungener Urlaub!	R: _abschließendes_	1

Schreibkompetenz gesamt   **12**

Sie sind der Lehrer Peter Fischer und organisieren die Abschlussfahrt Ihrer Klasse.

- Füllen Sie zur Durchführung Ihrer Klassenreise einen Überweisungsträger und ein Online-Formular aus.
- Entnehmen Sie die dafür notwendigen Informationen dem unten angefügten Material.

BRB Berliner Regionalbank

Peter Fischer
Konto-Nr.
88991012

Peter Fischer   Heydestraße 15
10557 Berlin
p.fischer@berlin.com
030-3910039
0131-121110

DB BAHN
Anreise: 02. 06. 2011

Abfahrt: Berlin Hbf   08:58 Uhr
Ankunft: Gunzenhausen Bahnhof   15:00 Uhr

Abreise: 12. 06. 2011

Abfahrt: Gunzenhausen Bahnhof   10:16 Uhr
Ankunft: Berlin Hbf   16:13 Uhr

Berlin – Gunzenhausen
DB BAHN
Fahrtkostenkalkulator
Einzelpreis: 112,- EUR
Teilnehmer: 25
Gruppenpreis: 2.800,- EUR

Von: jhgunzenhausen@djh-bayern.de
An: p.fischer@berlin.com
Kopie:
Betreff: Buchungsbestätigung
Datum: 08. 05. 2011 10:42:13

Sehr geehrter Herr Fischer,

vielen Dank für die Buchung unserer Jugendherberge als Ziel Ihrer Klassenreise.

Wir bestätigen Ihre Buchung für 25 Personen, davon 11 Mädchen und 12 Jungen sowie jeweils einer männlichen und einer weiblichen Begleitperson.
Bitte überweisen Sie bis zum 31. 05. 2011 unter Ihrer Kunden-Nr. B1105 den Preis von 3 500,00 Euro für Unterbringung und Verpflegung auf unser Konto 789102 bei der Bayerischen Landesbank, Bankleitzahl 70050000.

Wir freuen uns auf Ihren Besuch und verbleiben mit freundlichen Grüßen

Jugendherberge Gunzenhausen
i. A. Huber

Aufgabe 1:

Füllen Sie den folgenden Überweisungsträger zur Bezahlung des Reisepreises mit den notwendigen Angaben aus.

Punkte: 1   2   1   1   1   1   1   1

Überweisung

BRB Berliner Regionalbank   **100 678 00**

(Name und Sitz des beauftragten Kreditinstituts)   (Bankleitzahl)

Schreibmaschine: normale Schreibweise!
Handschrift: Blockschrift in GROSSBUCHSTABEN und dabei Kästchen beachten!

Bankleitzahl

Begünstigter: Name, Vorname / Firma (max. 27 Stellen)   581

Konto-Nr. des Begünstigten   582

Kreditinstitut des Begünstigten   583

EUR   **Betrag**   584

Kunden-Referenznummer - noch Verwendungszweck, ggf. Name und Anschrift des Auftraggebers - (nur für Begünstigten)

noch Verwendungszweck (insgesamt max. 2 Zeilen à 27 Stellen)   585

Kontoinhaber/Einzahler: Name (max. 27 Stellen, keine Straßen- oder Postfachangaben)   586

Konto-Nr. des Kontoinhabers   587

Datum   Unterschrift   588

2011-23

Aufgabe 2:

Füllen Sie das Formular in der Online-Maske der Bahn zur Buchung Ihrer Reise mit den geforderten Angaben aus.

DB BAHN

| 1 Reise wählen | 2 Preisangaben | 3 Buchen |

Start & Ziel

589 Reiseziel   Land: [▼]   1

Reiseziel: [▼]

Abfahrtsort/Bahnhof: [▼] [▼]

Reisetermin

590 Hinfahrt   Datum: [ ] [▦][▲▼]   1

Rückfahrt   Datum: [ ] [▦][▲▼]

591 Gewünschte Abfahrtzeiten   Hinfahrt: [▼]   1

Rückfahrt: [▼]

Teilnehmer

592 Teilnehmer(innen)   weiblich: [ ]   männlich: [ ]   1

Begleiter(innen   weiblich: [ ]   männlich: [ ]

[Weiter]

DB BAHN

| 1 Reise wählen | 2 Preisangaben | 3 Buchen |

Preis

593 Einzelpreis: EUR [ ]   1

Teilnehmer (gesamt): [ ]

Gruppenpreis: EUR [ ]

[Weiter]

594

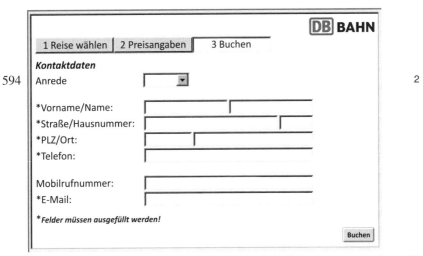

Schreibkompetenz gesamt   16

Aufgabe:

Ihr Freund möchte sich auf die unten abgedruckte Stellenanzeige bewerben und bittet Sie um Hilfe bei der Ausformulierung eines angemessenen Bewerbungsanschreibens.

Verfassen Sie ein Bewerbungsanschreiben für die ausgeschriebene Stelle zu der unten abgedruckten Stellenanzeige aus dem „Berliner Tageblatt" vom 08. Mai 2011.

– Verwenden Sie dafür die Daten des Lebenslaufs.

– Gehen Sie beim Aufbau Ihres Schreibens entsprechend den Vorgaben vor.

– Achten Sie beim Schreiben darauf, einen sprachlich angemessenen, zusammenhängenden Text zu verfassen.

Lebenslauf

Persönliche Daten:

Vor- und Zuname:	Jan Janussen
Adresse:	Stedter Weg 123
	12340 Berlin
E-Mail:	janj@t-online.de
Telefon:	030/8901234
Geburtsdatum:	18. Mai 1994

Schulausbildung:

2001–2007	Grundschule Am Waldgraben
2007–2011	Gelbsandschule

Angestrebter Schulabschluss:

2011	Mittlerer Schulabschluss (MSA)

Praktika:

12.06.2010–02.07.2010	Betriebspraktikum bei der
	Berliner Markthalle GmbH
08.11.2010–12.11.2010	Sozialpraktikum im Pflegeheim

Besondere Kenntnisse:

30.07.2010–13.08.2010	Sprachkurs in Großbritannien
seit 01.09.2009	Mitarbeit in der AG „PC-Datenbank
	der Schulbibliothek" (Word, Excel)

Hobbys:

Handball, Gestalten von Webseiten, Mitglied der Schulband

Berlin, 12.05.2011   *Jan Janussen*

Berufsausbildung als Kauffrau/ -mann im Groß- und Außenhandel

Zum 01.09.2011 suchen wir engagierte Bewerber (m/w) für eine Ausbildung als Kauffrau/-mann im Groß- und Außenhandel. Wir bieten eine abwechslungsreiche Tätigkeit in einem zukunftsorientierten Unternehmen. Wir erwarten mindestens einen Mittleren Schulabschluss mit guten oder sehr guten Noten in Deutsch und Mathematik, gute Englischkenntnisse sowie Kenntnisse im Umgang mit PC (Word, Excel) und Internet. Teamfähigkeit, Leistungsbereitschaft und eine schnelle Auffassungsgabe, kommunikative sowie soziale Kompetenz und Interesse an wirtschaftlichen Abläufen und betrieblichen Zusammenhängen werden vorausgesetzt. Interessiert? Dann schicken Sie Ihre Bewerbung an:

Herrn Buchholz, Holz Import Export GmbH, Waldstr. 2, 12345 Berlin

Bewerbungsanschreiben

Punkte

681   Name, Anschrift, Telefon-Nr., (E-Mail) des Absenders, Ort, Datum

     _____   1

     _____

     _____

682   Anschrift des Unternehmens und Ansprechpartner

     _____   1

     _____

     _____

683   Betreff

     _____   1

684   persönliche Anrede

     _____   1

685   Grund des Anschreibens

     _____   1

686   Interesse bekunden

     _____   2

687   Eignung begründen mit zwei Belegen

     _____   2

688   Name der Schule, Zeitpunkt und Art des voraussichtlichen Schulabschlusses darlegen

     _____   1

689	Interesse an einem Kontakt bekunden	
		1
690	Grußformel	
		1
	Jan Janussen	
	Anlagen	
	Lebenslauf	
	Halbjahreszeugnis der 10. Klasse	
	Praktikumsbescheinigungen	

691 Sprachliche Darstellungsleistung   3

692 Sprachliche Korrektheit (Grammatik)   3

693 Sprachliche Korrektheit (Rechtschreibung / Zeichensetzung)   3

694 Leserfreundliche Form (Übersichtlichkeit / Schriftbild)   1

Schreibkompetenz gesamt   **22**

Lösungsvorschläge

1 Herr Baedeker irrt nie *(Andreas Austilat)*

Lesekompetenz – Aufgaben zu Text 1 „Herr Baedeker irrt nie"

101

a) ... was ihn verdächtig macht.	Sein ungepflegtes Aussehen macht ihn verdächtig.
b) ... wer ihn anzeigt.	Die Bewohner von Pilchow zeigen ihn an.

✎ Hinweis: a) Es sind mehrere Antworten möglich. Du findest sie in Z. 1–4. b) In Z. 5 steht, dass ihn im schlesischen Pilchow niemand kennt und dass die Polizei alarmiert wird. Daraus lässt sich schließen, dass ihn die Bewohner von Pilchow anzeigen, eine konkrete Person wird nicht genannt.

102

Vernehmungsprotokoll	
a) Ort der Vernehmung	(Polizeistation) in Pilchow
b) Tag der Vernehmung	05. 06. 1820
c) Name, Vorname	Baedeker, Karl
d) Alter	19 Jahre
e) Beruf / derzeitige Tätigkeit	Buchdruckerlehrling
f) Wohnort	Berlin
g) Vorwurf der Polizei	Landstreicherei
h) Aussage zur Verteidigung	Er will ein Handbuch für Reisende verfassen. Dafür sammelt er Informationen.
i) Maßnahme der Polizei	Verhaftung

✎ Hinweis: a) Z. 5 und Z. 9 „Pilchower Polizeiakten", b) Z. 9, c) Z. 7, d) Z. 2, e) Z. 7, f) Z. 8, g) Z. 16, h) Z. 10/11, i) Z. 16

103 Sein Vater ist Buchdrucker und Verleger.

✎ Hinweis: Du findest die Antwort in Z. 18/19. Ein Beruf reicht.

104 Sein Vater kann für ihn bürgen.

✎ Hinweis: Du findest die Antwort in Z. 18/19. Richtig ist auch: Er kann für ihn zahlen (= bürgen). Sein Vater ist ein angesehener Mann in Essen.

105

	richtig	falsch
a) … Menschen, die man auf Reisen kennenlernen sollte.	☐	☒
b) … Trinkgelder, die man während der Reise geben sollte.	☒	☐
c) … Sehenswürdigkeiten, die man besuchen sollte.	☒	☐
d) … Sternbilder, die man für den Notfall kennen sollte.	☐	☒
e) … Reisezeiten, die man einplanen sollte.	☒	☐

Hinweis: a) Das steht nicht im Text. b) Z. 31, c) Im Text werden mehrere Sehenswürdigkeiten aus dem „Baedeker" aufgezählt: der Pariser Louvre, die Treppe des Mailänder Doms und der Friedhof Père Lachaise in Paris. d) Das steht nicht im Text. e) Z. 11: „[…] wie lange ein Schiff von Köln bis Koblenz braucht […]"

106

a) … wer damals üblicherweise reiste.	Üblicherweise reiste damals der junge Adel.
b) … zu welchem Zweck Reisen unternommen wurden.	Man reiste, um seine Erziehung zu vervollkommnen.

Hinweis: Du findest die Antworten in Z. 24–26. Richtig wäre bei (a) auch: englische Gentlemen.

107 Die Erweiterung des Schienennetzes ermöglichte, dass man schneller größere Entfernungen überwinden konnte.

Hinweis: Überlege, was die Vorteile von Reisen mit der Eisenbahn gegenüber dem Reisen mit der Kutsche oder auf dem Pferd sind. Richtig wäre auch die größere Bequemlichkeit.

108 Die Sterne dienen Baedeker dazu, etwas zu bewerten. Je höher die Anzahl der Sterne, desto höher die Bewertung.

Hinweis: Hier ist dein Alltagswissen gefragt: Bei Köchen und Hotels wird mit Sternen gekennzeichnet, wie sie bewertet werden.

109 Ein Handwerker musste dafür 6 Wochen arbeiten.

Hinweis: Du findest die Antwort in Z. 41.

110

a) ..., wozu Baedeker die „Erbsenzählerei" seinerzeit diente.	Baedeker zählte mithilfe der Erbsen die Stufen des Mailänder Doms, um nicht durcheinanderzukommen.
b) ... eine positive Charaktereigenschaft, die sich aus dieser Verhaltensweise ableiten lässt.	Er ist sehr sorgfältig.

Hinweis: a) *Du findest die Antwort in Z. 46–48.*
b) *Hier ist dein Alltagswissen gefragt: sorgfältig, genau. Achte darauf, dass deine Antwort eine positive Charaktereigenschaft ist.*

111 Es ist möglich, dass bei einer negativen Bemerkung im Reiseführer keine oder weniger Gäste kommen.

Hinweis: Hier ist dein Alltagswissen gefragt.

112 Baedeker hat den Reiseführer erfunden. Damit hat er den Tourismus angestoßen, denn die Leute haben durch diese Bücher erfahren, wie sie wohin kommen, mit welchen Kosten sie rechnen müssen und was sie dort erleben werden. So wurde die Lust auf Reisen geweckt und eine Reise auch leichter planbar.

Hinweis: In der Einleitung steht, dass Baedeker den Reiseführer als neue Form von Literatur erfunden hat. Überlege dir mithilfe des Textes, welche Auswirkungen diese auf das Leben bzw. das Reisen gehabt haben könnte.

113 Der Titel des Textes bezieht sich darauf, dass Baedeker bei der Recherche für seine Reiseführer sehr sorgfältig vorgegangen ist, um Fehler auszuschließen.

Hinweis: Die Aussage wird zwischen Zeile 45 und 53 mit Beispielen belegt. Du kannst dich auch auf das Libretto der Operette (vgl. Z. 54–56 und Fußnote 7) beziehen.

114 Der Ruhm von Baedeker und von seinen gründlichen Reiseführern war so groß, dass man den Namen als Markenzeichen gelassen hat. Viele Menschen wussten, wie gut die Reisetipps im „Baedeker" recherchiert sind. Der Name war den Leuten ein Begriff.

Sprachwissen und Sprachbewusstsein – Aufgaben zu Text 1

151 [X] Präsens

Hinweis: Bestimme die Zeitform mehrerer Verben aus verschiedenen Absätzen. Z. B. Z. 1/2: sieht aus, Z. 7: weist aus, Z. 16: lautet, Z. 31: sagt.

152 junger Mann

Hinweis: Ein „Synonym" ist ein Wort mit gleicher oder sehr ähnlicher Bedeutung. Überlege, wie man zu „Bursche" außerdem sagen kann. Achte darauf, dass das Wort aus der Standardsprache kommt, also nicht aus der Jugendsprache: „Typ" wäre z. B. falsch.

153

	Nummer
a) „Sechs Reiseführer <u>hat</u> er verfasst, einige <u>erscheinen</u> sogar auf Englisch und Französisch." (Z. 21–22)	(2) Satzreihe/ Satzverbindung
b) „Noch bis in die 90er Jahre des 20. Jahrhunderts <u>erreichten</u> Briefe den Verlag, <u>die</u> an den Gründer selbst adressiert <u>waren</u>." (Z. 67–68)	(4) Satzgefüge mit Relativsatz
c) „1844 <u>erscheint</u> sein Hauptwerk ‚Deutschland und der österreichische Kaiserstaat'." (Z. 44–45)	(1) Hauptsatz

Hinweis: Bestimme die finiten Verben. An ihrer Position erkennst du, ob es sich um ein Satzgefüge oder um eine Satzverbindung handelt. Untersuche, ob der Nebensatz mit einem Relativpronomen eingeleitet wird.

154

a) ... was dieses Wort im Textzusammenhang bedeutet.	Das Wort „bessergestellt" bezieht sich auf „Stände" und bezeichnet hier Stände, also Berufe, in denen man ein höheres Ansehen bzw. ein höheres Einkommen hat.
b) ... weshalb dieses Wort hier nicht auseinander geschrieben werden darf.	Es darf nicht auseinander geschrieben werden, weil sich sonst die Bedeutung verändert.

Hinweis: a) Lies dir zur Erklärung den ganzen Satz noch einmal durch. b) Vielleicht hilft es dir, eine Wortgruppe für jede Schreibweise zu bilden. Sieh auch im Wörterbuch nach, ob es dort eine Erklärung gibt.

155 Es ist nicht belegt, dass die Gendarmen gelacht haben. Man kann das nur vermuten.

Hinweis: Der Konjunktiv wird verwendet, wenn man sich etwas so vor-stellt, wenn eine Möglichkeit besteht, die aber nicht sicher so ist/war.

156 Und Karl <u>wird</u> seine Ideen <u>verwirklichen</u>."

Hinweis: Da es sich um einen Passiv-Satz handelt, gehört zum Prädikat das finite/gebeugte Verb von „werden" und das Verb im Partizip Perfekt (verwirklichen).

157 Subjekt und Prädikat

Hinweis: Bilde den zweiten Satz vollständig: „<u>Das ist</u> immerhin ein Drit-tel des Zimmerpreises." Oder „Immerhin <u>ist es</u> ein Drittel des Zimmerprei-ses." Bestimme nun die Satzglieder „das/es" und „ist".

158 Dadurch wird betont, dass Baedeker in einer Scheune geschlafen hat.

Hinweis: Das Wort „schlafen" ist an die erste Stelle im Satz gerückt und wird dadurch besonders wichtig. Nicht richtig wäre die Antwort: „Damit der Text spannend anfängt."

159 „Das" bezieht sich auf die Tatsache im vorangehenden Satz, dass Baedeker schon sieben Jahre tot war.

Hinweis: „Das" ist ein Relativpronomen und bezieht sich auf den vorher-gehenden Hauptsatz. Lies die Sätze im Zusammenhang.

160

a) …, wo diese erfundene direkte Rede im Text endet, indem Sie die letzten drei Wörter aufschreiben.	„… sich angucken muss."
b) … einen möglichen Grund für die Verwendung dieses stilistischen Mittels.	Die direkte Rede macht den Text ab-wechslungsreicher und spannender. Sie erweckt den Eindruck, als hätte Bae-deker das wirklich gesagt. Das macht den Zeitungsartikel authentischer.

Hinweis: a) Lies dir den Abschnitt Z. 10–15 durch. In der direkten Rede erzählt Baedeker von seinen Plänen. Das Subjekt heißt in beiden Sätzen „ich", das Prädikat steht jeweils im Futur. Das trifft auf die im Abschnitt folgenden Sätze nicht zu.

b) Mit dem stilistischen Mittel „direkte Rede" will der Autor eine bestimmte Wirkung erzielen. Er unterbricht damit den Textfluss. Die Aufmerksamkeit des Lesers wird erhöht, um die sehr innovativen Pläne des jungen Baedeker vorzustellen. Die hier vorgestellte Musterlösung ist sehr ausführlich. Du musst nur einen Aspekt nennen.

161 Komparativ

Hinweis: Die Steigerungsstufen heißen: Positiv (spät), Komparativ (später) und Superlativ (am spätesten).

162 Das Adjektiv „abgebrannten" bezieht sich auf das Nomen „Kerze" im vorhergehenden Teilsatz.

2 **Der Afrikaner** *(J. M. G. Le Clézio)*

Lesekompetenz – Aufgaben zu Text 2 „Der Afrikaner"

201

a) … den Beruf seines Vaters.	Arzt
b) …, warum dieser nach dem Studium eine gemeinnützige Arbeit übernehmen musste.	Er hatte vom Staat ein Stipendium erhalten.
c) …, wo er diese zunächst ausführen sollte.	in der Abteilung für tropische Krankheiten im Krankenhaus Southampton

Hinweis: Du findest die Antworten im Text: a) Z. 7, b) Z. 8/9, c) Z. 9–11.

202 Er fuhr nach Georgetown in Britisch-Guayana.

Hinweis: Du findest die Antwort im Text Z. 19/20.

203 Er musste auf seine Frau und seine Kinder verzichten und wurde dadurch für diese zu einem Fremden.

Hinweis: Du sollst einen Nachteil nennen, den das Leben als Arzt in Britisch-Guayana mit sich bringt. Verschiedene Antworten sind möglich. Zum einen werden im Text Z. 38–41 einige Nachteile aufgezählt. Aber auch in Z. 27–35 werden Nachteile des eingeschlagenen Wegs genannt.

204

Familienmitglied	Charaktereigenschaft
a) Mutter:	phantasievoll
b) Großmutter:	großherzig
c) Vater:	autoritär

Hinweis: Im Text werden mehrere Charaktereigenschaften genannt, die ebenfalls als richtige Antwort genannt werden können.

205

		richtig	falsch
a)	Der Großvater will Auseinandersetzungen mit seiner Familie heraufbeschwören.	☐	☒
b)	Der Großvater ist ein egoistischer und rücksichtsloser Mensch.	☐	☒
c)	Der Großvater liebt seine Frau.	☒	☐
d)	Der Großvater hat andere Erziehungsvorstellungen als seine Frau.	☒	☐
e)	Der Großvater mischt sich in die Erziehung seiner Enkel nicht ein.	☒	☐

Hinweis: a) und b) Dafür gibt es keinen Hinweis im Text. c) Z. 57, d) Z. 56 (war nach strengeren Prinzipien erzogen worden), e) Z. 52/53: Großmutter war bisher einzige Autorität und Z. 59: Großvater schloss sich die meiste Zeit in sein Zimmer ein.

206

b) … zur Regenrinne zu gelangen.	☒

Hinweis: Du findest die Antwort im Text Z. 68.

207   Der Vater behandelte z. B. Lepra.

Hinweis: Du findest die Antwort im Text Z. 32. Du brauchst nur eine Krankheit zu nennen.

208

		richtig	falsch
a)	… er sich neuen Anforderungen stellen musste.	☒	☐
b)	… er reifer wurde, da er in Afrika sein kindliches Verhalten ablegen musste.	☒	☐

c) ... er bei seiner Ankunft in Afrika volljährig war.	☐	☒
d) ... für ihn in Afrika ein neuer Lebensabschnitt begann.	☒	☐

*✐ **Hinweis:** a) Sein Umzug nach Afrika bringt selbstverständlich neue Anforderungen mit sich.*
b) In Z. 50 wird der Vater als sehr autoritär beschrieben. Da Le Clézio seine Kindheit bisher regellos und frei gelebt hatte, muss er sein bisheriges (kindliches) Verhalten ablegen. Vgl. außerdem Z. 84/85: „... nie wieder den Wutanfällen meiner Kindheit freien Lauf lassen."
c) Dafür gibt es keinen Hinweis im Text.
d) Z. 85/86: Er sagt selbst, das sei der Schritt in eine neue Welt gewesen.

209

a) ein Eindruck:	die lange Fahrt im strömenden Regen über die unbefestigte Straße
b) ein weiterer Eindruck:	die Begegnung mit dem Vater

*✐ **Hinweis:** Die Antworten findest du im Text Z. 42–49.*

210

a) ... auf welche Person sich „Seine" bezieht.	auf den Vater
b) ... **für wen** diese Haltung zu einem Problem wurde.	für den Erzähler Le Clézio und seinen Bruder
c) ... **weshalb** diese Haltung zu einem Problem wurde.	Die Haltung des Vaters wurde zum Problem, da die Kinder bisher in einer Welt mit entgegengesetzten Normen gelebt hatten.

*✐ **Hinweis:** a) Lies den vorangehenden Satz noch einmal. Darin geht es um den Vater. Die Beschreibung des Vaters geht hier weiter.*
b) Lies den folgenden Satz noch einmal. Es ist wichtig, dass du beide Brüder erwähnst, denn sie sind beide betroffen.
c) Lies noch einmal, wie die Jungen bisher erzogen wurden, und überlege dir den Unterschied zur autoritären Einstellung, die der Vater hat.

211

a) ... ein Beispiel für ein solches Verhalten aus dem Text.	Er kletterte mit seinem Bruder über das Balkongeländer, um zur Regenrinne zu gelangen.

b) ..., <u>warum</u> er sich so verhalten konnte.	Er lebte in einem regellosen Paradies, das heißt, ihm wurden als Kind keine Regeln vermittelt, an die er sich halten musste.

Hinweis: a) Eine richtige Antwort wären auch die Wutanfälle (Z. 73–78). b) Du findest die Antwort in Z. 50 ff.

Sprachwissen und Sprachbewusstsein – Aufgaben zu Text 2

251 „Vermutlich aus Stolz, um der tristen englischen Gesellschaft zu entfliehen, und nicht zuletzt aus Abenteuerlust."

Hinweis: Lies dir den genannten Abschnitt noch einmal durch. In einem unvollständigen Satz fehlen Satzglieder. In diesem Beispiel fehlt der gesamte vorangehende Satz. Komplett würde er lauten: Er hat vermutlich aus Stolz, um der tristen englischen Gesellschaft zu entfliehen, und nicht zuletzt aus Abenteuerlust einen anderen Weg eingeschlagen.

252 Nach einem kurzen Vokal folgt ein doppelter Konsonant, hier also Doppel-S.

253 Schläge

Hinweis: Ein „Synonym" ist ein Wort mit gleicher oder ähnlicher Bedeutung. Überlege, was „körperliche Züchtigung" bedeutet und was man außerdem sagen kann. Achte darauf, dass das Wort aus der Standardsprache kommt.

254 sanft

Hinweis: Der Wortstamm ist der „Kern" eines Wortes, der bleibt, nachdem mögliche Vorsilben, Endungen und veränderte Vokale weggenommen worden sind. Er kann nicht weiter zerlegt werden.

255 Konjunktiv

Hinweis: Es geht hier um eine gedankliche Vorstellung, also wird nicht von der Realität gesprochen und deshalb der Konjunktiv verwendet.

256 Wutanfall, Möbelstück, Spielzeug oder Augenblick

Hinweis: Achte darauf, dass du ein zusammengesetztes Substantiv aus den angegebenen Zeilen auswählst.

257 unwichtig, nebensächlich

✎ *Hinweis: Überlege, was „belanglos" bedeutet und was man außerdem sagen kann. Achte darauf, dass das Wort in den Satz passt.*

258

„Ich nehme an,	HS
dass meine Großeltern und meine Mutter so erschrocken waren,	NS
dass sie uns zu bestrafen verga-ßen,	NS
nachdem wir uns bereit gefunden hatten zurückzukommen."	NS

✎ *Hinweis: Bestimme die Position des finiten Verbs: Im Hauptsatz steht es an 2. Stelle, im Nebensatz am Ende.*

259

a) Um welches Stilmittel handelt es sich hier?	Hyperbel
b) Erläutern Sie, was mit dieser Formulierung gemeint ist.	Damit ist gemeint, dass der Vater in ein fremdes Land in sehr weiter Entfernung gezogen ist.

✎ *Hinweis: „Ans Ende der Welt" ist eine Übertreibung, für einen Ort, der weit weg und fremd ist. Daher kann es sich um das Stilmittel „Hyperbel" handeln.*

260 Es soll betont werden, dass etwas unwiderruflich vorbei ist.

✎ *Hinweis: Eine Anapher ist die Wiederholung eines Satzanfangs, wodurch etwas hervorgehoben wird: Der Autor verdeutlicht sehr emotional, dass diese Reise das Ende der Kindheit bedeutete.*

261

	Singular	Plural
a) Maskulinum:	der Wandel	*kein Plural möglich*
	der Vater	die Väter
b) Femininum:	die Reise	die Reisen
	die Anweisung	die Anweisungen
	die Abfahrt	die Abfahrten

| c) Neutrum: | das Ende | die Enden oder *kein Plural möglich* |
| | das Haar | die Haare |

✔ Hinweis: Du kannst die Pluralform im Wörterbuch überprüfen, falls du genügend Zeit hast. Bei manchen Worten ist eine Pluralbildung nur möglich, wenn das Wort in einer bestimmten Bedeutung gemeint ist.

3 Meine elf Tonnen

Lesekompetenz – Aufgaben zu den Texten „Meine elf Tonnen"

301 2007

✔ Hinweis: Du findest die Antwort in der 2. Zeile des Vorworts.

302 das Umweltbundesamt

✔ Hinweis: Du findest die Antwort in Zeile 2/3 des Vorworts und unterhalb der Grafiken. Achte darauf, dass nach dem Auftraggeber gefragt wird und nicht nach dem Institut, das die Daten zusammengestellt hat.

303 über die durchschnittlichen CO_2-Emissionen pro Einwohner im Jahr in verschiedenen Ländern

✔ Hinweis: Du findest die Antwort in der Überschrift der ersten Grafik.

304 60 g

✔ Hinweis: Du findest die Antwort in der zweiten Grafik im Bereich „Strom", in der rechten unteren Ecke.

305 das Heidelberger Institut für Energie- und Umweltforschung

✔ Hinweis: Du findest die Antwort in der zweiten Zeile des Vorworts.

306 Milchprodukte

✔ Hinweis: Du findest die Antwort in der zweiten Grafik im Bereich Ernährung. Vergleiche die Mengenangaben: Milchprodukte verursachen 644 kg CO_2.

307 g, kg, t

308 auf einem Rechner auf der Webseite des UBA: www.uba.de

Hinweis: Du findest die Antwort in der letzten Zeile des Vorworts.

309 Gas

Hinweis: Du findest die richtige Antwort in der zweiten Grafik im Bereich „Heizen und Warmwasser". Vergleiche die Mengenangaben miteinander: Gas verursacht 865,7 kg CO_2.

310 300 kg

Hinweis: Du findest die Antwort in einer Lupe in der zweiten Grafik im Bereich „Heizen und Warmwasser".

311 Der „Emissions-Grundstock" ist die Emission, die der Staat verursacht und die gleichmäßig auf alle Einwohner verteilt wird.

Hinweis: Du findest die Antwort im Vorwort unter dem Stichpunkt „Öffentliche Dienstleistungen".

312 In dieser Kohlendioxidbilanz geht es um den Verbrauch jedes einzelnen Bundesbürgers. Um deutlich zu machen, dass jeder von den Aussagen der Grafik betroffen ist, heißt der Titel „Meine elf Tonnen". Der Leser soll dadurch emotional angesprochen werden.

Hinweis: Hier wird indirekt nach der Bedeutung dieser Grafik gefragt. Lies dir die Erläuterung in der rechten oberen Ecke der Grafik (Kasten) durch. Oder überlege dir, wie die Wirkung der Grafik wäre, wenn sie „Elf Tonnen" hieße.

481

| **Ein Ort zum genießen ...** | R: *Ein Ort zum Genießen* |

482 | An dieser Ferienanlage begeisterte mich die <u>außergewönliche</u> Lage. | R: *außergewöhnliche* |

483 | Das Hotel lag direkt an <u>die</u> Dünen von Maspalomas und war ein wenig abseits vom Zentrum von Playa del Ingles. | Gr (Kasus): *den Dünen* |

484 | Es befand sich an einem ruhigen Standort, aber zu Fuß <u>kann</u> man zu einem Einkaufszentrum laufen oder man fuhr mit einem Bus in das Stadtzentrum. | Gr (Tempus): *konnte* |

485 | <u>Mann</u> kam von diesem Hotel schnell zu anderen Ausflugszielen. | R: *Man* |

486 | Das Hotel wurde erst 2003 komplett <u>erarbeitet</u>. | Gr (Lexik): *erbaut/saniert/renoviert/ fertiggestellt* |

487 | Es gab zwei Pools mit <u>genügent</u> Liegen, Auflagen und Sonnenschirmen. | R: *genügend* |

488 | Die Zimmer waren geräumig, sauber und <u>hatte</u> eine umfangreiche Ausstattung. | Gr (Numerus): *hatten* |

489	Es wurden <u>irre</u> viele Sportarten angeboten.	A (Umgangssprache): _sehr_
490	Es gab morgens und abends ein umfangreiches, und abwechslungsreiches Buffet.	Z: _Korrigieren Sie den Fehler im Text!_
491	Mit dem Essen war ich sehr zufrieden, weil es <u>gab meistens</u> einheimische Speisen.	Gr (Satzbau): _Mit dem Essen war ich sehr zufrieden, weil es meistens einheimische Speisen gab._
492	Mein <u>abschliessendes</u> Urteil: ein rundum gelungener Urlaub!	R: _abschließendes_

Überweisung

BRB Berliner Regionalbank   **100 678 00**

(Name und Sitz des beauftragten Kreditinstituts)   (Bankleitzahl)

Schreibmaschine: normale Schreibweise!
Handschrift: Blockschrift in GROSSBUCHSTABEN
und dabei Kästchen beachten!

Begünstigter: Name, Vorname / Firma (max. 27 Stellen)

JUGENDHERBERGE GUNZENHAUSEN

Konto-Nr. des Begünstigten

7 8 9 1 0 2

Kreditinstitut des Begünstigten

BAYERISCHE LANDESBANK

Bankleitzahl

7 0 0 5 0 0 0 0

Kunden-Referenznummer - noch Verwendungszweck, ggf. Name und Anschrift des Auftraggebers - (nur für Begünstigten)

B 1 1 0 5

EURO	Betrag
E U R	3 5 0 0 , 0 0

noch Verwendungszweck (insgesamt max. 2 Zeilen à 27 Stellen)

Kontoinhaber/Einzahler: Name (max. 27 Stellen, keine Straßen- oder Postfachangaben)

PETER FISCHER

Konto-Nr. des Kontoinhabers

7 0 0 5 0 0 0 0

12.5.2011   *Peter Fischer*

Datum   Unterschrift

581
582
583
584
585
586
587
588

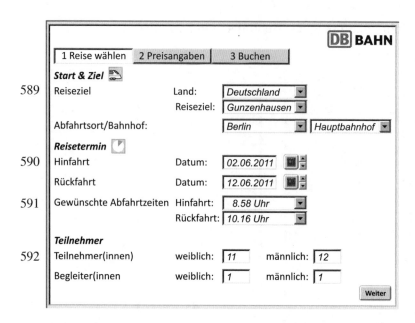

DB BAHN

| 1 Reise wählen | 2 Preisangaben | 3 Buchen |

Start & Ziel

589 Reiseziel

Land: Deutschland ▾

Reiseziel: Gunzenhausen ▾

Abfahrtsort/Bahnhof: Berlin ▾ Hauptbahnhof ▾

Reisetermin

590 Hinfahrt Datum: 02.06.2011

Rückfahrt Datum: 12.06.2011

591 Gewünschte Abfahrtzeiten Hinfahrt: 8.58 Uhr ▾

Rückfahrt: 10.16 Uhr ▾

Teilnehmer

592 Teilnehmer(innen) weiblich: 11 männlich: 12

Begleiter(innen weiblich: 1 männlich: 1

Weiter

DB BAHN

| 1 Reise wählen | 2 Preisangaben | 3 Buchen |

Preis

593 Einzelpreis: EUR 112,00

Teilnehmer (gesamt): 25

Gruppenpreis: EUR 2800,00

Weiter

594

Janussen, Jan   Berlin, den 9. 5. 2011
StedterWeg123
12340 Berlin

janj@t-online.de
030/8901234

Holz Import Export GmbH
Herrn Buchholz
Waldstr. 2
12345 Berlin

Bewerbung um einen Ausbildungsplatz
als Kaufmann im Groß- und Außenhandel
Ihre Anzeige im „Berliner Tageblatt" vom 08. 05. 2011

Sehr geehrter Herr Buchholz,
hiermit möchte ich mich bei Ihnen um einen Ausbildungsplatz zum Kaufmann im Groß- und Einzelhandel bewerben. Ich interessiere mich seit einiger Zeit für den Beruf des Kaufmanns im Groß- und Außenhandel. Während eines Betriebspraktikums bei der Berliner Markthalle GmbH habe ich eine konkrete Vorstellung von den vielseitigen Aufgabengebieten bekommen. Dadurch hat sich mein Berufswunsch bestätigt.

Für diesen Beruf bin ich geeignet, da ich mich für wirtschaftliche Abläufe interessiere. Zu Hause unterstütze ich meine Eltern beim Führen des Haushaltsbuchs und der Bankgeschäfte. Dabei profitiere ich von meiner Mitarbeit in der AG „PC-Datenbank der Schulbibliothek", denn ich habe dort gelernt, mit Word und Excel umzugehen.

Außerdem spreche ich sehr gut Englisch, da ich im vergangenen Sommer einen Sprachkurs in Großbritannien absolviert habe.

Zurzeit besuche ich die Gelbsandschule, die ich voraussichtlich im Juni 2011 mit dem Mittleren Schulabschluss beenden werde.

Über eine Einladung zum Vorstellungsgespräch freue ich mich sehr.

Mit freundlichen Grüßen
Jan Janussen

1

DEN STECKER GEZOGEN
„GUTE NACHT, DU SCHÖNE WELT"
Jennifer Hertlein

Die Journalisten Christoph Koch und Alex Rühle wollten wissen: Kann man heute überhaupt noch offline leben, ohne Internet und Handy? Hält das ein modernes Leben aus?

1 Wir leben mit dem Internet. Im Büro und zu Hause natürlich – aber mittlerweile auch unterwegs, mit mobilem Internetzugang am Laptop oder über das Smartphone. Wir sind daueronline, ständig zu erreichen, wir kommunizieren nonstop. Aber was passiert, wenn man mal den Stecker zieht, die WLAN-Verbindung
5 kappt und für ein paar Wochen oder gar Monate auf das Internet verzichtet? Können wir in dieser Gesellschaft überhaupt noch ohne Internet leben? Zwei Journalisten haben es im Selbstversuch ausprobiert – und jeweils ein Buch darüber geschrieben.
   Christoph Koch (36) zog um. Und saß dann ohne Internetzugang in der neuen
10 Wohnung. Damit fühlte er sich äußerst unwohl: Er hatte das Gefühl, andauernd etwas zu verpassen. Seine Lösung: Er kaufte sich einen teuren Internetstick. Nur um wieder am Leben in der virtuellen Welt teilnehmen zu können.
   „Wenn ich mal ein paar Tage unterwegs bin, kommst du damit deutlich besser klar, als wenn du ein paar Tage aufs Internet verzichten musst", sagt
15 Christoph Kochs Freundin in seinem Buch „Ich bin dann mal offline" zu ihm. Koch leugnete das, obwohl er wusste, dass er es ohne Internet nicht aushielt. Und schon hatte er die Idee zu einem Selbstversuch: Mindestens einen Monat lang wollte er weder Internet noch Handy nutzen.

Entzugserscheinungen
20 Koch dachte, er sei auf das Internet angewiesen. Als Journalist bekommt er viele Aufträge per E-Mail. Auch zur Pflege seiner Freundschaften spielt es eine große Rolle. So läuft es eben: schnell noch mal dem Kumpel über Facebook schreiben. Und wie hieß noch mal der Sänger von dieser einen Band? Ach, das kann man doch schnell googeln. Und ehe man es sich versieht, klickt man von einem
25 Eintrag zum nächsten. Und das stundenlang.
   Am Anfang fehlte Koch das Internet. Er spürte „Phantomvibrationen" in seiner Hosentasche. Er fand die Kontaktdaten seiner Freunde nicht mehr. Und er musste wieder Briefe schreiben, anstatt im Rekordtempo E-Mails zu versenden. Sogar Kopfschmerzen bekam er. […]

Heimlich E-Mails gecheckt

Koch fiel es schwer, offline zu sein. Alex Rühle (40), ebenfalls Journalist, ging es genauso. Auch Rühle hat den Selbstversuch gewagt. In seinem Buch „Ohne Netz" berichtet er davon. Rühle traute sich, gleich ein halbes Jahr offline zu gehen. „War ein eher ruhiger Tag: 68 Mails im Eingang, 45 geschrieben. Ich mache den Rechner aus, ziehe meine Jacke an, stelle mich in den Aufzug und denke: Harakiri. Gute Nacht, du schöne Welt." Das schrieb er an dem Abend, an dem er den Stecker zog.

Früher deponierte Rühle sein Handy abends auf dem Schuhschrank, damit er vor dem Schlafengehen noch heimlich E-Mails checken konnte. Während des Experiments musste er neu recherchieren lernen, im eigenen Gehirn googeln – und ständig nach Telefonzellen, Briefkästen und Faxgeräten Ausschau halten.

„Das wahrscheinlich Schlimmste an meiner digitalen Sucht", schreibt Rühle, „war die Aufmerksamkeitszerstäubung, die Schwierigkeit, konzentriert über lange Strecken an ein und derselben Sache zu arbeiten." Koch ging es ähnlich. Als die beiden noch Internet hatten, konnten sie zur Ablenkung zwischendurch schnell auf YouTube klicken.

Der Computer bleibt erst mal aus

Doch nachdem sie die ersten Tage und Wochen überstanden hatten, merkten sowohl Koch als auch Rühle, dass es gar nicht so schlimm ist ohne das Internet. Sie mussten keine 80 E-Mails am Tag mehr beantworten. Und sie waren auch ganz einfach mal nicht erreichbar.

Nach dem Ende des Versuches fielen sowohl Koch wie auch Rühle schnell in ihre alten Gewohnheiten zurück. Aber sie haben auch einiges aus ihrer Offline-Zeit mitgenommen. „So schalte ich beispielsweise nicht mehr als Erstes jeden Morgen den Computer ein und lasse mich von der ersten Welle der Mails wegspülen", schreibt Koch in seinem Buch.

Aus beiden Büchern geht eindeutig hervor: Das Internet ist nicht böse. Im Gegenteil, es ist der Fortschritt und wir brauchen es in unserem Alltag. Aber sicher würde es jedem von uns guttun, das eigene Nutzungsverhalten mal genauer unter die Lupe zu nehmen. Oder wie Rühle schreibt: „Im Foyer des Hotels logge ich mich viermal in deren Rechner ein, um nach Mails zu schauen. Klar, alles sehr wichtig, … aber muss ich mich deshalb tatsächlich viermal einloggen?"

Aus der Zeitschrift Fluter, 19. 11. 2010

Lesekompetenz – Aufgaben zu Text 1
„Den Stecker gezogen"

Punkte

101 Notieren Sie, wer den Artikel verfasst hat.

Jennifer HerHein

1

102 Ergänzen Sie die fehlenden Angaben in der folgenden Tabelle.

2

	Christoph Koch	Alex Rühle
a) Alter	*Jochmal. 36*	*40*
b) Beruf	*Jochnalist*	*Jochnalist*
c) Titel des Buches	*Ich bin dann mal offline*	*Ohne Netz*

103 Erklären Sie,
   a) was ein „Selbstversuch" ist.
   b) welcher Selbstversuch im Text beschrieben wird.

a) *Ein Experiment am eigenen Selbst*

1

b) *Der Verzicht auf das Internet*

1

104 Notieren Sie die jeweilige Dauer der Selbstversuche von:

1

Alex Rühle	*ein halbes Jahr*
Christoph Koch	*mindestens einen Monat*

105 Im Text heißt es, dass Christoph Koch sich in seiner neuen Wohnung
   unwohl fühlte (Z. 9–11).
   Notieren Sie, worin sein Unwohlsein bestand.

Er hatte keinen Internetzugriff.

1

106 Notieren Sie, was der <u>Anlass</u> für Christoph Kochs Selbstversuch war.　1

Eine Bemerkung von seine Freundin zu seinem übermäßigen Internetkonsums.
Z. 13-14

107 Notieren Sie drei <u>Tätigkeiten</u>, die im Text (Z. 20–29) mit dem Begriff „Online-Sein" verbunden werden.　2

- *e-mails schreiben*
- *Youtube Videos schauen*
- *googeln*

108 Eine Teilüberschrift lautet „Entzugserscheinungen". Notieren Sie ein Beispiel aus dem Text, wie sich diese Entzugserscheinungen äußern.　1

Koch spürt Phantomvibrationen in seine Hose.

109 Notieren Sie die zwei im Text genannten Vorteile, die Koch und Rühle für sich entdeckten, als sie „offline" waren.　1

- *Sie mussten keine e-mails mehr beantworten*
- *Sie konnten mal einfach nicht erreichbar sein*

110 Im Text heißt es: „Wir leben mit dem Internet." (Z. 1) Notieren Sie, auf wen das Personalpronomen verweist.　1

Auf die allgemeine Bevölkerung.

111 Der Untertitel des Textes heißt: „Gute Nacht, du schöne Welt." Erläutern Sie dessen Bedeutung im Textzusammenhang.　2

Das Internet ist aufgrund von e-mail-Systemen, sozialen Netzwerke oder anderweitigen Plattformen, so komplex, dass es fast eine eigene Welt ist.
Durch ihre Selbstversuch, verlieren Koch und Rühle diese „Welt".

2012-4

112 Kreuzen Sie an, welche der folgenden Aussagen bezogen auf den Text richtig bzw. falsch sind. **3**

	richtig	falsch
a) Das Internet spielt eine große Rolle bei der Pflege von Freundschaften.	☒	☐
b) Beide Versuchspersonen gewöhnten sich für die Dauer des Versuchs nicht an ein Leben ohne Internet.	☒	☒
c) Der Selbstversuch erforderte eine völlig neue Arbeitsweise im Beruf.	☒	☐
d) Der Selbstversuch führte zur Erkenntnis, dass das Internet eigentlich überflüssig ist.	☐	☒
e) Die Ergebnisse der Selbstversuche wurden ausschließlich im Internet veröffentlicht.	☐	☒

113 Am Ende des Textes werden Folgerungen genannt, die sich aus den Selbstversuchen ergeben. Welche der folgenden Aussagen sind darauf bezogen richtig bzw. falsch? **2**

	richtig	falsch
a) Das Internet ist eine zukunftsweisende Erfindung.	☒	☒
b) Das Internet ist alles andere als nützlich.	☐	☒
c) Man muss sein eigenes Internetverhalten überprüfen.	☒	☐
d) Das Internet verführt zu häufigem Gebrauch.	☒	☐

Lesekompetenz gesamt 20

151 In Zeile 49 heißt es: „[...] dass es gar nicht so schlimm ist ohne das
Internet." Die Satzgliedstellung in diesem Nebensatz ist unüblich, da
das finite Verb nicht am Ende steht.
Welche Wirkung wird durch diese Satzgliedstellung erzielt?   1

Die Betonung liegt auf dem Wort Internet.

152 Im Text heißt es: „Koch leugnete [...]"
Ersetzen Sie „leugnete" durch ein Synonym in der korrekten Zeit-
form.   1
Koch _____*log*_____ [...]

153 Im Text heißt es: „im eigenen Gehirn googeln" (Z. 40).
Erklären Sie, was mit dieser Metapher gemeint ist.   1

*Informationen im eigenen Gehirn
statt im Internet zu suchen.*

154 Im Text heißt es: „Und ehe man es sich versieht, klickt man von
einem Eintrag zum nächsten."
Begründen Sie, weshalb „nächsten" hier kleingeschrieben werden
muss.   1

Da Einhof der Substantiv ist.

155 Im Text steht der Begriff „Aufmerksamkeitszerstäubung" (Z. 43).
a) Um welches rhetorische Gestaltungsmittel handelt es sich hier?
b) Erläutern Sie, was mit diesem Begriff gemeint ist.
a) *Metapher*   1
b) *Er lässt sich schnell ablenken*   1

156 Ergänzen Sie die Tabelle mit den passenden Fremdwörtern aus dem
fett gedruckten Einleitungssatz sowie aus den Zeilen 1–3 des Textes. 2

	Fremdwort
Klapprechner	Laptop
Berichterstatter	Journalist
ununterbrochen	nonstop
sich unterhalten	Kommunizieren

157 Erklären Sie die Bedeutung der Redewendung „etwas genauer unter
die Lupe nehmen" (Z. 59–60). 1

Etwas Sich etwas genauer anschauen,
da eine Lupe ein vergrößertes Bild gibt

158 Bestimmen Sie die Wortarten der unterstrichenen Wörter.

Doch nachdem sie die ersten Tage und Wochen überstanden hatten, ... (Z. 48)	Adverb, Präposition	1
Nach dem Ende des Versuches fielen sowohl Koch wie auch Rühle ... (Z. 52)	Artikel, Adverb Termin.adv	1

159 Ordnen Sie jedem Satz die richtige Kommaregel zu.

1) Aufzählung
2) Infinitivgruppe, die sich auf ein Substantiv bezieht
3) Apposition
4) Satzgefüge
5) Satzverbindung / Satzreihe

		Nummer
a)	Alex Rühle (40), einem Journalisten, ging es genauso.	3	1
b)	Das schrieb er an dem Abend, an dem er den Stecker zog.		1
c)	Er hatte das Gefühl, andauernd etwas zu verpassen.		1

Sprachwissen und Sprachbewusstsein gesamt 14

2 Stimmen (Auszug aus dem Roman „Ruhm")
Daniel Kehlmann

Noch bevor Ebling zu Hause war, läutete sein Mobiltelefon. Jahrelang hatte er
sich geweigert, eines zu kaufen, denn er war Techniker und vertraute der Sache
nicht. Wieso fand niemand etwas dabei, sich eine Quelle aggressiver Strahlung
an den Kopf zu halten? Aber Ebling hatte eine Frau, zwei Kinder und eine Hand-
5 voll Arbeitskollegen, und ständig hatte sich jemand über seine Unerreichbarkeit
beschwert. So hatte er endlich nachgegeben, ein Gerät erworben und gleich vom
Verkäufer aktivieren lassen. Wider Willen war er beeindruckt: Schlechthin perfekt war es, wohlgeformt, glatt und elegant. Und jetzt, unversehens, läutete es.

Zögernd hob er ab.

10 Eine Frau verlangte einen gewissen Raff, Ralf oder Rauff, er verstand den
Namen nicht.

Ein Irrtum, sagte er, verwählt. Sie entschuldigte sich und legte auf.

Am Abend dann der nächste Anruf. „Ralf!", rief ein heiserer Mann. „Was
ist, wie läuft es, du blöde Sau?"

15 „Verwählt!" Ebling saß aufrecht im Bett. Es war schon zehn Uhr vorbei, und
seine Frau betrachtete ihn vorwurfsvoll.

Der Mann entschuldigte sich, und Ebling schaltete das Gerät aus.

Am nächsten Morgen warteten drei Nachrichten. Er hörte sie in der S-Bahn
auf dem Weg zur Arbeit. Eine Frau bat kichernd um Rückruf. Ein Mann brüllte,
20 dass er sofort herüberkommen solle, man werde nicht mehr lange auf ihn warten;
im Hintergrund hörte man Gläserklirren und Musik. Und dann wieder die Frau:
„Ralf, wo bist du denn?"

Ebling seufzte und rief den Kundendienst an.

Seltsam, sagte eine Frau mit gelangweilter Stimme. So etwas könne über-
25 haupt nicht passieren. Niemand kriege eine Nummer, die schon ein anderer habe.
Da gebe es jede Menge Sicherungen.

„Es ist aber passiert!"

Nein, sagte die Frau. Das sei gar nicht möglich.

„Und was tun Sie jetzt?"

30 Wisse sie auch nicht, sagte sie. So etwas sei nämlich gar nicht möglich.

Ebling öffnete den Mund und schloss ihn wieder. Er wusste, dass jemand anderer sich nun sehr erregt hätte – aber so etwas lag ihm nicht, er war nicht begabt
darin. Er drückte die Auflegetaste.

Sekunden später läutete es wieder. „Ralf?", fragte ein Mann.

35 „Nein."

„Was?"

„Diese Nummer ist … Sie wurde aus Versehen … Sie haben sich verwählt."

„Das ist Ralfs Nummer!"

Ebling legte auf und steckte das Telefon in die Jackentasche. Die S-Bahn
war wieder überfüllt, auch heute musste er stehen. [...] Es gab viel, das Ebling in
seinem Leben nicht mochte. Es störte ihn, dass seine Frau so geistesabwesend
war, dass sie so dumme Bücher las und dass sie so erbärmlich schlecht kochte.
[...] Besonders aber störten ihn die Bahnfahrten zu Stoßzeiten. Immer so eng,
immer voll, und gut gerochen hatte es noch nie.

Seine Arbeit aber mochte er. Er und Dutzende Kollegen saßen unter sehr
hellen Lampen und untersuchten defekte Computer, die von Händlern aus dem
ganzen Land eingeschickt wurden. Er wusste, wie fragil die kleinen denkenden
Scheibchen waren, wie kompliziert und rätselhaft. Niemand durchschaute sie
ganz; niemand konnte wirklich sagen, warum sie mit einem Mal ausfielen oder
sonderbare Dinge taten. Man suchte schon lange nicht mehr nach Ursachen, man
tauschte einfach so lange Teile aus, bis das ganze Gebilde wieder funktionierte.
[...]

Als er aus der Bahn stieg, läutete das Telefon. Es war Elke, die ihm sagte, er
solle noch Gurken kaufen, heute Abend auf dem Heimweg. Im Supermarkt in
ihrer Straße gebe es die jetzt besonders billig.

Ebling versprach es und verabschiedete sich schnell. Das Telefon läutete
wieder, und eine Frau fragte ihn, ob er sich das gut überlegt habe, auf so eine wie
sie verzichte man nur, wenn man ein Idiot sei. Oder sehe er das anders?

Nein, sagte er, ohne nachzudenken, er sehe das genauso.

„Ralf!" Sie lachte.

Eblings Herz klopfte, sein Hals war trocken. Er legte auf.

Den ganzen Weg bis zur Firma war er verwirrt und nervös. Offensichtlich
hatte der ursprüngliche Besitzer der Nummer eine ähnliche Stimme wie er. Wieder rief er beim Kundendienst an.

Nein, sagte eine Frau, man könne ihm nicht einfach eine andere Nummer
geben, es sei denn, er bezahle dafür.

„Aber diese Nummer gehört jemand anderem!"

Unmöglich, antwortete sie. Da gebe es –

„Sicherungen, ich weiß! Aber ich bekomme ständig Anrufe für ... Wissen
Sie, ich bin Techniker. Ich weiß, wie man –"

Sie könne gar nichts tun, sagte sie. Sie werde sein Anliegen weiterleiten.

„Und dann? Was passiert dann?"

Dann, sagte sie, werde man weitersehen. Aber dafür sei sie nicht zuständig.

An diesem Vormittag konnte er sich nicht auf die Arbeit konzentrieren. Seine Hände waren zittrig, und in der Mittagspause hatte er keinen Hunger, obwohl
es Wiener Schnitzel gab. Die Kantine hatte nicht oft Wiener Schnitzel, und
normalerweise freute er sich schon am Tag vorher darauf. Diesmal jedoch stellte
er sein Tablett mit dem halbvollen Teller in die Stellage zurück, ging in eine
stille Ecke des Esssaals und schaltete sein Telefon ein.

80 Drei Nachrichten. Seine Tochter, die vom Ballettunterricht abgeholt werden
wollte. Das überraschte ihn, er hatte gar nicht gewusst, dass sie tanzte. Ein
Mann, der um Rückruf bat. Nichts an seiner Nachricht verriet, wem sie galt: ihm
oder dem anderen. Und dann eine Frau, die ihn fragte, warum er sich so rar
mache. Ihre Stimme tief und schnurrend, hatte er noch nie gehört. Gerade als er
85 ausschalten wollte, läutete es wieder. Die Nummer auf dem Bildschirm begann
mit einem Pluszeichen und einer zweiundzwanzig. Ebling wusste nicht, welches
Land das war. Er kannte fast niemanden im Ausland, [...] Er hob ab.

„Sehen wir uns nächsten Monat?", rief ein Mann. „Du bist doch auf dem
Locarno-Festival? Die werden das nicht ohne dich durchziehen, nicht unter die-
90 sen Umständen, Ralf, oder?"

„Bin wohl dort", sagte Ebling.

„Dieser Lohmann. War ja zu erwarten. Hast du mit den Leuten von Degetel[1]
gesprochen?"

„Noch nicht."

95 „Wird aber Zeit! Locarno kann uns sehr helfen, wie Venedig[2] vor drei Jahren." [...]

Der Mann legte auf. Ebling lehnte sich an die Wand und rieb seine Stirn. Er
brauchte einen Moment, bis er sich wieder zurechtfand: Dies war die Kantine,
rings um ihn aßen die Kollegen Schnitzel. Gerade trug Rogler ein Tablett vorbei.
100 „Hallo, Ebling", sagte Rogler. „Alles klar?"

„Na sicher." Ebling schaltete das Telefon aus.

Den ganzen Nachmittag war er nicht bei der Sache. Die Frage, welcher Teil
eines Computers defekt war und wie es zu den Fehlern hatte kommen können,
die die Händler in ihren kryptischen Schadensmeldungen beschrieben – *Kunde*
105 *sagt, Resettaster betätigt wg. Abschalten kurz v. Displäy, aber zeigt Zerro an –*,
interessierte ihn heute einfach nicht. So fühlte es sich also an, wenn man etwas
hatte, auf das man sich freute. [...]

*Aus: Daniel Kehlmann: Ruhm. Ein Roman in neun Geschichten. Rowohlt: Reinbek bei Hamburg
2009, S. 7 ff.*

1 Unternehmen für Telekommunikation
2 In Locarno und Venedig finden Filmfestivals statt.

201 Notieren Sie,
   a) welchen Beruf Ebling ausübt.
   b) welche Tätigkeit Ebling an seinem Arbeitsplatz ausführt.

   a) ___Trchnifre_____ 1
   b) _er reparier Compute end Handys_____ 1

202 Notieren Sie, weshalb Ebling sich lange wehrte, ein Mobiltelefon zu
   kaufen.   1
   __Er hatte Angst vor der Stahlung._____

203 Notieren Sie, aus welchem Grund Ebling ein Mobiltelefon erwirbt.   1
   _Er wurde von seiner Frau und seiner_____
   _Kollegen dazu genötigt._____

204 Ebling erhält zahlreiche Anrufe auf seinem Mobilfunktelefon.
   Notieren Sie, wer tatsächlich Ebling und nicht Ralf sprechen will
   und in welcher Angelegenheit.   1

Gesprächspartner:	Eblings Tochter	Eblings Frau Elke
Angelegenheit:	Ballettunterricht	Einkauf

205 Ebling telefoniert mit einer Kundenberaterin. (Z. 63–73)
   Notieren Sie, mit welchem <u>Anliegen</u> Ebling sich an den Kunden-
   dienst wendet.   1
   _Er möchte eine neue Rufnummer._____

206 Der Leser erhält <u>im vorliegenden Textausschnitt</u> folgende Informationen zu den Figuren Ebling und Ralf. Kreuzen Sie an, auf wen sich die Aussagen beziehen.

3

		Ebling	Ralf
a)	Er ist verheiratet.	☒	☐
b)	Er war vor drei Jahren in Venedig.	☐	☒
c)	Er ist ein angepasster Mensch.	☒	☐
d)	Er wird auf einem Festival erwartet.	☐	☒
e)	Er fährt mit der S-Bahn zur Arbeit.	☒	☐
f)	Er mag seine Arbeit.	☒	☐
g)	Er ist ein gefragter Mann.	☐	☒
h)	Er isst gerne Schnitzel.	☒	☐

207 Im Text wird deutlich, dass Ebling nicht viel über seine Tochter weiß. Notieren Sie die Textstelle, die dies belegt.

1

Z 80-81 (...) er hatte garnicht gewusst, dass sie tanzt.

208 Ebling beantwortet einen Anruf wie folgt: „Diese Nummer ist … Sie wurde aus Versehen … Sie haben sich verwählt." (Z. 37)
Notieren Sie, welche möglichen Rückschlüsse dieses kommunikative Verhalten auf Eblings Charakter zulässt.

2

Unsicherheit, geringes Selbstvertrauen

209 Das letzte Telefongespräch im Textauszug ist für die Hauptfigur von entscheidender Bedeutung (Z. 88–96). In diesem Gespräch wird deutlich, dass Ebling …

3

		richtig	falsch
a)	Ralf kennen gelernt hat.	☐	☒
b)	den Anrufer nicht über die Verwechslung aufklärt.	☒	☐
c)	seine Haltung zu den Anrufen verändert hat.	☒	☐
d)	sich auf seinen Aufenthalt in Venedig freut.	☐	☒
e)	als Ralf reagiert.	☒	☐

210 Nach dem ersten Satz wird in Form einer Rückblende erzählt
(Z. 1–8). Welche Funktion erfüllt dieses erzählerische Mittel?   1

Eine gute Einteilung, da der Leser
erfährt was bisher geschah.

211 Im Text heißt es: „So fühlte es sich also an, wenn man etwas hatte,
auf das man sich freute." (Z. 106 f.) Schlussfolgern Sie, zu welcher
Einschätzung seines vorherigen Lebens Ebling hier gelangt.   2

Ein sehr triste Leben dass er mehr
seine Arbeit und seinm Familie als sich
selbt widmet. ~~übe~~

212 Erläutern Sie den Titel „Stimmen" bezogen auf die Veränderung in
der Figur des Ebling.   2

Durch die anderen Stimme (Einkäufenstimmen),
begann Ebling sich auf diese einzulassen
und sich als Ralf auszugeben

Lesekompetenz gesamt   20

Sprachwissen und Sprachbewusstsein – Aufgaben zu Text 2   Punkte

251 Erklären Sie den Bedeutungsunterschied, der sich aus der Verwendung unterschiedlicher Zeitformen ergibt.   1
a) Als er aus der Bahn stieg, läutete das Telefon.
b) Als er aus der Bahn gestiegen war, läutete das Telefon.

a) _____

b) *~~unmittelbar~~ unmittelbar danach*
etwas später

252 Im Text heißt es: „Jahrelang hatte er sich geweigert, eines zu kaufen,
denn er war Techniker und vertraute der Sache nicht."
Entscheiden Sie, welches der folgenden Satzgefüge der Aussage des
Ausgangssatzes entspricht.   1

a) Obwohl er Techniker war und der Sache nicht ver- traute, hatte er sich eines gekauft.	☐
b) Falls er Techniker gewesen wäre und der Sache nicht vertraut hätte, würde er sich jahrelang geweigert haben, eines zu kaufen.	☐
c) Nachdem er Techniker geworden war und der Sache nicht vertraute, weigerte er sich jahrelang, eines zu kaufen.	☐
d) Da er Techniker war und der Sache nicht vertraute, hatte er sich jahrelang geweigert, eines zu kaufen.	☒

253 Welche der folgenden Satzbaupläne entsprechen den folgenden Sätzen? Ordnen Sie jedem Satz die richtige Nummer zu.

1) HS, NS, NS
2) HS, HS, NS
3) NS, NS, HS
4) HS, NS, HS
5) HS, HS, HS

		Nummer
a)	Es war Elke, die ihm sagte, er solle noch Gurken kaufen heute Abend auf dem Heimweg.	4
b)	Das überraschte ihn, er hatte gar nicht gewusst, dass sie tanzte.	12
c)	So fühlte es sich also an, wenn man etwas hatte, auf das man sich freute.	2

254 Ebling wird von einer Frau gefragt, warum er sich so rar mache.
(Z. 83 f.) Erklären Sie, was mit dieser Frage gemeint ist.

Worum 2 nie antwortet und sie ignoriert

255 In den Zeilen 88–96 wird ein Telefongespräch wiedergegeben. Es
enthält typische sprachliche Mittel mündlicher Kommunikation.
Notieren Sie ein solches Mittel.

Fragen

256 Ersetzen Sie das Wort „aktivieren" (Z. 7) durch ein Synonym, das
hier passt. *anschalten* *freischalten* 1

257 In Zeile 7 heißt es: „<u>Wider Willen</u> war er beeindruckt."
Notieren Sie den Bedeutungsunterschied zwischen „wider Willen"
und „Widerwillen". 2

a)	wider Willen	*trotz seines Willens*
b)	Widerwillen	*etc. nicht oder ungern machen wollen*

258 Ebling bewertet die folgende Schadensmeldung als „kryptisch", d. h.
unklar: „*Kunde sagt, Resettaster betätigt wg. Abschalten kurz v. Displäy, aber zeigt Zerro an*".
Erläutern Sie anhand der sprachlichen Gestaltung, wodurch dieser
Eindruck entsteht. 1
*Viele Abkürzungen und Rechtschreibfehler
und Ortographische Fehler*

3 Schwarz & stark

Die wichtigsten Sorten

Die **Robusta-Bohne** hat einen Anteil von 30 Prozent an der Weltproduktion. Sie schmeckt kräftig, ist rundlich und hat einen fast geraden Einschnitt.

Arabica-Bohnen machen 60 Prozent des Weltmarkts aus. Sie enthalten nur halb so viel Koffein wie Robusta, ihr Einschnitt ist gewunden.

Mit oder ohne Koffein?
Kaffee wird als Wachmacher geschätzt – nur ein Zwölftel der Deutschen trinkt ihn koffeinfrei.

—8 %
– bevorzugen **entkoffeinierten** Kaffee

—92 %
– bevorzugen **koffeinhaltigen** Kaffee

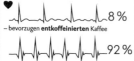

Der Kaffee, den wir uns zu Hause aufbrühen, ist billig wie nie. Gleichzeitig zahlen wir Mondpreise für den „Coffee to go". Und international klettert der Kaffeekurs in immer neue Höhen. Wissenswertes zum Lieblingsgetränk der Deutschen.

Schwarz & stark

Das liebste Getränk der Deutschen
Durchschnittlich trinkt der Bundesbürger 150 Liter Kaffee jährlich, das sind zweieinhalb Tassen pro Tag.

150 — Kaffee
131 — Mineralwasser
109 — Bier

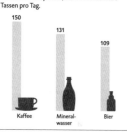

Etwa **40 %** der täglichen Kaffeedosis werden außer Haus konsumiert, das sind rund 60 Liter pro Person im Jahr.

Aus: DIE ZEIT, 27. 01. 2011, S. 37

Illustration: Anne Gerdes; **Recherche:** Alexandra Aschbacher; **Quellen:** Deutscher Kaffeeverband, European Coffee Federation, statista.com, International Coffee Organisation, TransFair, Außerhausmarkt, Kaffeezentrale

Fairtrade holt auf
Schon ein Prozent des deutschen Kaffees trägt das Fairtrade-Siegel. Die Bauern bekommen dabei einen Mindestpreis von 1,25 Dollar pro Pfund.

Angaben in t

436 — 2005
573 — 2006
877 — 2007
1446 — 2008
2156 — 2009

FAIRTRADE

So entsteht der Kaffeepreis
Nur etwa 14 Prozent kommen im Ernteland an.

3,70 €
pro 500 g

■ Steuern, Zölle, Frachtkosten (44,9 %)
■ Einzelhandel (23,7 %)
■ Händler und Röster (17,8 %)
■ Plantagenbesitzer (8,5 %)
□ Löhne der Arbeiter (5,1 %)

Fieberkurve an der Börse
Im letzten halben Jahr hat sich der Preis für Kaffee auf dem Weltmarkt fast verdoppelt.

Angaben in $ / kg

2,60
2,20
1,80
1,40
1,00

1.7.07   1.7.08   1.7.09   1.7.10   1.1.11

Dort kommt unser Kaffee her
Die meisten Importe stammen aus Brasilien, der Anteil asiatischer Länder wächst aber jährlich.

❶ Brasilien — 34,3
❷ Vietnam — 16,9
❸ Indonesien — 8,0   Angaben in Prozent
❹ Peru — 7,0
❺ Honduras — 6,3
❻ Äthiopien — 4,3
❼ Uganda — 3,7
❽ Kolumbien — 3,2

Der teuerste Kaffee der Welt
ist Kopi Luwak aus Indonesien. Die von einer Schleichkatzenart ausgeschiedenen, dann gerösteten Bohnen kosten rund 120 Euro pro kg.

Lesekompetenz – Aufgaben zu den Texten „Schwarz & stark" Punkte

301 Kreuzen Sie an, welche der folgenden Aussagen <u>nicht</u> mit einer Grafik belegt wird.

1

a)	Acht Prozent der Deutschen bevorzugen koffein-freien Kaffee.	☒
b)	Jeder Deutsche verbraucht im Jahr 7,5 Kilogramm Kaffee.	☐ ✗
c)	International klettert der Kaffeepreis immer weiter nach oben.	☒
d)	Die Deutschen trinken lieber Kaffee als Bier.	☐

302 In der Grafik „Die wichtigsten Sorten" werden zwei Symbole verwendet. Begründen Sie, warum die beiden Symbole nicht gegeneinander austauschbar sind.

1

Es handelt sich um zwei unterschiedlich Kaffeesorten. Die eine hat einen geraden die andere einen geründeten Einschnitt.

303 Wie viel Prozent des täglichen Kaffeekonsums werden nicht zu Hause getrunken?

1

a)	6,4 Prozent	☐
b)	31 Prozent	☐
c)	40 Prozent	☒
d)	60 Prozent	☐

304 Kreuzen Sie an, welche der folgenden Aussagen zum Handel mit Kaffee in Bezug auf die Grafiken richtig oder falsch sind.

2

		richtig	falsch
a)	Der überwiegende Teil des Erlöses aus dem Verkauf des Kaffees gelangt an die Kaffee-arbeiter.	☐	☒
b)	Der prozentuale Anteil des Einzelhandels am Kaffeepreis ist höher als bei den Röstern.	☒	☐

	richtig	falsch
c) Ab Juli des Jahres 2010 stieg der an der Börse gehandelte Preis für Kaffee am stärksten an.	☑	☐
d) Der teuerste Kaffee der Welt kommt aus Peru.	☐	☑
e) In Afrika befinden sich die meisten Kaffee produzierenden Länder.	☐	☑

305 In der Grafik „Fairtrade holt auf" wird der Begriff „Fairtrade" verwendet, der übersetzt *gerechter Handel* bedeutet.
Notieren Sie,

a) wie sich der Verkauf des „fair" gehandelten Kaffees entwickelt.

b) was an dieser Handelsform „fair" ist.

+2 *Punkte*

a) Die Verkauf steigen an   1

b) Die Kaffebauern werden gerecht bezahlt   1

306 In der Grafik „Das liebste Getränk der Deutschen" fehlen die Achsen und deren Bezeichnungen.
Ergänzen Sie die hier noch fehlende Bezeichnung für die y-Achse.   1

y-Achse:
Menge in Liter

y-Achse

x-Achse

x-Achse:
Getränkeart / Getränk

307 Welche Grafik trifft direkt Aussagen zur Preisentwicklung des Kaffees? Notieren Sie den Titel.   1
Fieberkurva an de Börse

308 In der Grafik „Das liebste Getränk der Deutschen" wird der Kaffeekonsum dargestellt. Notieren Sie, warum die Aussage falsch ist, dass jeder Bundesbürger täglich zweieinhalb Tassen Kaffee trinkt.   1
Durchschnittlich trinkt jede B. Bürger ...

4 Schreibkompetenz – Überarbeiten eines Textes

Eine Freundin von Ihnen möchte für eine Onlinebuchhandlung eine Rezension des Buches „Ruhm" von Daniel Kehlmann schreiben. Sie bittet Sie, sich den Text anzuschauen und eventuell zu korrigieren.
Korrigieren Sie nur den jeweiligen Rechtschreib-, Zeichensetzungs-, Grammatik- oder Ausdrucksfehler.

Punkte

481	„Ruhm" heißt der neue Roman des Schriftsteller Daniel Kehlmann.	G (Kasus): *Schriftstellers*	1
482	Sein Werk stellt interressante Charaktere dar.	R: *interessante*	1
483	Die abwechslungsreiche Sprache macht das Lesen nie anstrengend und ist leicht zu kapieren.	A: *verstehen*	1
484	Was die neun Geschichten zu einen Roman macht, ist die Verknüpfung der einzelnen Handlungsstränge.	G (Kasus): *einem*	1
485	Die Tücken der neuen Medien zieht sich dabei wie ein roter Faden durch das Buch.	G (Numerus): *ziehen*	1
486	Da ist z. B. ein Techniker, der ein neues Handy bekommt, dessen Nummer bereits vergeben ist.	Z: *Korrigieren Sie im Text.*	1
487	Das Buch hat mich in jeder Aussicht überrascht.	G (Lexjk): *Hinsicht*	1
488	Eigentlich wollte ich es nur kurz anlesen, sondern ich konnte es einfach nicht mehr aus der Hand legen.	G (Konjunktion): *b.: aber*	1

489	Man spürt den Spaß, den Kehlmann beim schreiben gehabt haben muss.	R: *Schreiben*	1
490	Abschließend möchte ich sagen, dass Daniel Kehlmann ein lesenswertes Buch verfasst hat. Mit freundlichen Grüßen Frauke Lehmann	Z: *Korrigieren Sie im Text.*	1

Schreibkompetenz gesamt   **10**

Werden Tattoos und Piercings heute allgemein akzeptiert?

Ein Schüler Ihrer Schule hat nach dem Vorstellungsgespräch für einen Ausbildungsplatz eine Ablehnung wegen seiner auffälligen Piercings erhalten. Daraufhin entbrennt eine heftige Diskussion an Ihrer Schule.

Dies nehmen Sie zum Anlass, um in einem Artikel für die Schülerzeitung die Problematik von Tattoos und Piercings zu erörtern.
– Lesen Sie zunächst folgende Meinungsäußerungen, die teilweise umgangssprachlich sind.

Meinungsäußerungen:

Jeder hat das Recht, sich so zu zeigen, wie er es will.

Ich kenne viele, die sich durch ihre Piercings schon ganz schön verletzt haben.

Meine Mutter darf auch keine Ohrringe und Ringe auf der Arbeit tragen, weil das unhygienisch ist.

Tattoos und Piercings sind Kunstwerke am Körper.

Viele ältere Kunden finden Piercings und Tattoos abstoßend.

Mit Piercings und Tattoos stellt einen keiner ein, weil man unseriös wirkt.

Tattoos und Piercings kommen cool rüber und zeigen, dass du selbstbewusst bist.

Träger von Piercings, vor allem aber Tattoos, gibt es heute in jeder Gesellschaftsschicht.

Aufgabe:

Erstellen Sie einen Schreibplan, indem Sie das folgende Gliederungsraster ausfüllen.

a) Leiten Sie aus den vorgegebenen Meinungsäußerungen jeweils zwei Pro-
und zwei Kontra-Argumente ab und formulieren Sie diese **in der Standardsprache.**
Achtung: Die Meinungsäußerungen dürfen nicht wörtlich übernommen
werden.

b) Stützen Sie die Argumente mit jeweils einem Beleg bzw. Beispiel. Sie müssen dabei auch auf Ihr Alltagswissen und eigene Erfahrungen zurückgreifen.

c) Ergänzen Sie stichwortartig Ihre Überlegungen für Einleitung und Schluss
des Artikels, wobei der Schluss Ihre persönliche Meinung widerspiegeln
soll.

Gliederungsraster:

		1. Einleitung	
581	Schreibanlass / Hinführung zum Thema		3
		2. Hauptteil	
	These	Piercings und Tattoos werden heute allgemein akzeptiert.	
582	1. Argument	•	1
583	Beleg / Beispiel	•	1

584	2. Argument	•	1
585	Beleg / Beispiel	•	1
	Gegenthese	Tattoos und Piercings sind nicht in allen Lebensbereichen erwünscht.	
586	1. Argument	•	1
587	Beleg / Beispiel	•	1
588	2. Argument	•	1
589	Beleg / Beispiel	•	1

3. Schluss		
590	Fazit / eigene Positionierung / Ausblick		4

Schreibkompetenz gesamt   **15**

6 Schreibkompetenz – Umsetzung des Schreibplans: Verfassen eines Artikels für die Schülerzeitung

Aufgabe:
Verfassen Sie nun den Artikel für die Schülerzeitung auf der Basis Ihres Schreibplans.

Werden Tattoos und Piercings heute allgemein akzeptiert?

681	Einhalten der Gliederung	2
682	Schreibfunktion	3
683	Originalität/Einfallsreichtum	2
684	Sprachliche Darstellungsleistung	4
685	Sprachliche Korrektheit (Grammatik)	4
686	Schreibregeln (Rechtschreibung)	2
687	Schreibregeln (Zeichensetzung)	2
688	Leserfreundliche Form (Übersichtlichkeit/Schriftbild)	1
	Schreibkompetenz gesamt	**20**

Lösungsvorschläge

1 Den Stecker gezogen *(Jennifer Hertlein)*

Lesekompetenz – Aufgaben zu Text 1 „Den Stecker gezogen"

101 Jennifer Hertlein

⁄ Hinweis: Du findest den Namen der Autorin unterhalb der Überschrift.

102

	Christoph Koch	**Alex Rühle**
a) Alter	36	40
b) Beruf	Journalist	Journalist
c) Titel seines Buches	Ich bin dann mal offline	Ohne Netz

⁄ Hinweis: Du findest die richtigen Antworten zu a) in Z. 9 und Z. 31, zu b) z. B. im fett gedruckten Einleitungssatz oder in Z. 6 f. und zu c) in Z. 15 und in Z. 32 f.

103 a) Einen „Selbstversuch" nennt man ein Experiment, das man an sich selbst ausprobiert. Man selbst ist die Versuchsperson.

b) Das Leben ohne Internet und Handy.

⁄ Hinweis: a) Wenn dir der Begriff nicht aus deinem Alltags- und Allgemeinwissen bekannt ist, kannst du versuchen, die Bedeutung aus dem Textzusammenhang abzuleiten (vgl. Z. 4–7; Z. 32–34). b) Du findest die richtigen Antworten in Z. 17 f. und Z. 33 f.

104

Alex Rühle	ein halbes Jahr
Christoph Koch	mindestens einen Monat lang

⁄ Hinweis: Du findest die richtigen Antworten in Z. 33 und in Z. 17 f.

105 Christoph Koch fühlte sich in seiner neuen Wohnung unwohl, weil er hier erstens keinen Internetzugang hatte und damit zweitens ständig das Gefühl hatte, etwas zu verpassen.

⁄ Hinweis: Es wird dir bereits in der Aufgabenstellung mitgeteilt, dass du die richtige Antwort in Z. 9–11 findest. Es reicht, wenn du eine von beiden Antwortmöglichkeiten nennst.

106 Der Anlass für Christoph Kochs Selbstversuch war der Vorwurf seiner Freundin, dass er mit ihrer längeren Abwesenheit besser zurechtkäme als mit dem mehrtägigen Verzicht auf das Internet.

Hinweis: Du findest die richtige Antwort in Z. 13–17. Es genügt nicht, wenn du die wörtliche Rede in Z. 13 f. zitierst.

107 • E-Mails versenden und empfangen
• Pflege von Freundschaften
• Informationen googeln

Hinweis: Es wird dir bereits in der Aufgabenstellung mitgeteilt, dass du die richtige Antwort in Z. 20–29 findest. Richtige Antwortmöglichkeiten wären auch: Eingang von Arbeitsaufträgen per Mail; Kontaktdaten speichern und abrufen.

108 Koch spürte „Phantomvibrationen" seines Handys in der Hosentasche. *oder:* Er bekam Kopfschmerzen.

Hinweis: Du findest die richtige Antwort in Z. 26 f. oder Z. 29.

109 • Sie mussten nicht mehr unzählige E-Mails am Tag beantworten.
• Sie haben es genossen, auch einmal nicht erreichbar zu sein.

Hinweis: Du findest die richtigen Antworten in Z. 50 f.

110 Das Personalpronomen „wir" verweist auf alle Menschen, die einen Internetanschluss haben.

Hinweis: Lies noch einmal den Absatz im Anschluss an Z. 1. Die Autorin nennt mehrere Male das Personalpronomen „wir": Sie beschreibt unser Leben mit Internet und Handy. In Z. 6 nennt sie den Begriff „Gesellschaft", was sich auf die Menschen im Allgemeinen bezieht. Mit dem Personalpronomen „wir" meint sie uns in dieser Gesellschaft. Sie meint damit nicht nur sich selbst und die beiden Journalisten Christoph Koch und Alex Rühle.

111 Der Untertitel „Gute Nacht, du schöne Welt" bezieht sich darauf, dass sich jemand aus eigenem Willen von den Bequemlichkeiten verabschiedet, die uns Internet und Handy in unserer Welt bieten: E-Mails schreiben, über Facebook mit Freunden kommunizieren, sich schnell und ohne Umstände Informationen besorgen. Wenn man auf das Internet verzichtet (ihm „Gute Nacht" sagt), nimmt man z. B. in Kauf, sich wieder zuverlässig verabreden zu müssen, da man den Freund nicht einfach von unterwegs anrufen kann. Man muss sich auch wieder mehr Informationen merken bzw. in der Biblio-

thek in Büchern nachschlagen. Das ist viel umständlicher, und deshalb fällt uns ein Abschied von Internet und Handy auch sehr schwer.

Hinweis: Lies noch einmal die Überschrift mit dem Untertitel zusammen: „Den Stecker gezogen – Gute Nacht, du schöne Welt". Stelle dir vor, was passiert, wenn man einen oder besser gleich alle Stecker in der Wohnung zieht. Das Licht geht aus, und die elektrischen Geräte arbeiten nicht mehr. Man ist auf seine Arbeitskraft und seine eigenen Fähigkeiten angewiesen. Alles das, was das Leben für uns bequem und damit schön macht, wäre nicht da. Suche nun Stellen im Text, die diesen Zusammenhang deutlich machen.

112

		richtig	falsch
a)	Das Internet spielt eine große Rolle bei der Pflege von Freundschaften.	☒	☐
b)	Beide Versuchspersonen gewöhnten sich für die Dauer des Versuchs nicht an ein Leben ohne Internet.	☐	☒
c)	Der Selbstversuch erforderte eine völlig neue Arbeitsweise im Beruf.	☒	☐
d)	Der Selbstversuch führte zur Erkenntnis, dass das Internet eigentlich überflüssig ist.	☐	☒
e)	Die Ergebnisse der Selbstversuche wurden ausschließlich im Internet veröffentlicht.	☐	☒

Hinweis: Du findest die richtigen Antworten im Text: a) Z. 21 f., b) Z. 48 f.: „gar nicht so schlimm", c) Z. 39–41: „ [...] musste er neu recherchieren lernen [...] und ständig nach Telefonzellen, Briefkästen und Faxgeräten Ausschau halten", d) Z. 57 f.: „Das Internet [...] ist der Fortschritt und wir brauchen es in unserem Alltag.", e) Beide Journalisten haben ein Buch über ihren Selbstversuch veröffentlicht (vgl. Z. 15 und Z. 32 f.).

113

		richtig	falsch
a)	Das Internet ist eine zukunftsweisende Erfindung.	☒	☐
b)	Das Internet ist alles andere als nützlich.	☐	☒
c)	Man muss sein eigenes Internetverhalten überprüfen.	☒	☐
d)	Das Internet verführt zu häufigem Gebrauch.	☒	☐

Hinweis: Du findest die richtigen Antworten im Text: a) Z. 58: „es ist der Fortschritt" bedeutet zukunftsweisend, b) Es gibt viele Hinweise im Text, die deutlich machen, dass das Internet nützlich und hilfreich ist (z. B. Z. 20–22). c) Z. 58–60: „[...] sicher würde es jedem von uns guttun, das eigene Nutzungsverhalten mal genauer unter die Lupe zu nehmen", d) Z. 60f.: „[...] logge [ich] mich viermal in deren Rechner ein"

Sprachwissen und Sprachbewusstsein – Aufgaben zu Text 1

151 Sie verändert die Betonung der Satzglieder und lenkt den Fokus stärker auf „ohne", also auf das Fehlen des Internets.

Hinweis: Schreibe den Nebensatz in beiden möglichen Varianten auf (wie in Z. 49 und in der üblichen Satzgliedstellung) und lies dir beide durch:

Z. 49:   dass es gar nicht so schlimm ist ohne Internet
übliche Satzgliedstellung: dass es ohne Internet gar nicht so schlimm ist

Die Betonung innerhalb des Nebensatzes liegt eher auf den letzten Satzgliedern. Durch die Gestaltung wie in Z. 49 liegt die Betonung auf „ohne", in der üblichen Satzgliedstellung auf „schlimm". Die Aussage des Satzes wird stärker hervorgehoben, wenn die unübliche Stellung der Satzglieder verwendet wird.

152 Koch stritt ab [...]
oder: Koch bestritt [...]
oder: Koch verneinte [...]
oder: Koch widersprach [...]

Hinweis: Ein Synonym ist ein Wort mit der gleichen oder einer sehr ähnlichen Bedeutung. Überlege also, welches Wort ebenso „leugnen" bedeutet. Verwende es im Präteritum.

153 Damit ist gemeint, dass man nachdenkt und eigenes Wissen abruft.

Hinweis: „Googeln" bedeutet ursprünglich, dass man mit der Suchmaschine Google im Internet nach Informationen sucht. Das Wort „googeln" kann mittlerweile aber auch ganz allgemein „nach Informationen suchen" bedeuten. Mit der Metapher „im eigenen Gehirn googeln" ist deshalb gemeint, dass man in seinem Kopf nach Informationen sucht, also nachdenkt.

154 „Nächsten" ist hier ein Attribut zum Substantiv „Eintrag", das nicht noch einmal genannt wird, um den Satz zu verkürzen.

Hinweis: Der Satz würde vollständig lauten: „Und ehe man es sich versieht, klickt man von einem Eintrag zum nächsten Eintrag." Hier erkennst du, dass „nächsten" ein Attribut (nähere Bestimmung) zu „Eintrag" ist. Um die Wortwiederholung zu vermeiden, wird der Satz verkürzt, das letzte Wort „Eintrag" entfällt, aber „nächster" wird nach wie vor kleingeschrieben.

155 a) eine Metapher
  b) „[…] die Schwierigkeit, konzentriert über lange Strecken an ein und derselben Sache zu arbeiten" (Z. 43 f.). Ein Zerstäuber teilt einen Tropfen Flüssigkeit in sehr viele, sehr feine Tröpfchen. Hier ist damit gemeint, dass die Aufmerksamkeit bei der Arbeit durch das Internet von einem Thema auf viele Themen verteilt („zerstäubt") wird. Da man im Internet schnell von einem Link zum nächsten springen kann, konzentriert man sich nicht mehr auf nur einen Bereich.

Hinweis: a) Es handelt sich hier nicht wirklich um einen Zerstäuber, sondern die Bedeutung dieses Begriffs wird aus seinem konkreten, sachlichen auf einen eher abstrakten Bildbereich (die Aufmerksamkeit) übertragen. So wird bildhaft dargestellt, dass die Konzentration „verteilt" wird. Da es den Begriff „Aufmerksamkeitszerstäubung" eigentlich nicht gibt, wäre als Antwort auch „Neologismus (Wortneuschöpfung)" richtig.
b) Verwende dein Alltagswissen. Überlege, was ein Zerstäuber ist und welche Aufgabe er erfüllt. Beziehe auch die gesamte Textstelle in deine Überlegungen mit ein, denn sie verdeutlicht den Begriff.

156

	Fremdwort
Klapprechner	Laptop (Z. 2)
Berichterstatter	Journalist(en) (Einleitungssatz)
ununterbrochen	nonstop (Z. 3)
sich unterhalten	kommunizieren (Z. 3)

Hinweis: Lies dir die angegebenen Zeilen genau durch und verwende zum Lösen der Aufgabe auch dein Alltagswissen.

157 Die Redewendung „etwas genauer unter die Lupe nehmen" bedeutet, etwas genau zu betrachten und zu untersuchen. Unter einer Lupe wird alles vergrößert und damit detaillierter dargestellt.

Hinweis: Gehe auf die wörtliche Bedeutung der Redewendung zurück: Was ist eine Lupe, und was passiert, wenn man etwas unter eine Lupe legt?

158 Doch <u>nachdem</u> sie die ersten Tage und Wochen überstanden hatten, ... (Z. 48)	Konjunktion
<u>Nach dem</u> Ende des Versuches fielen sowohl Koch wie auch Rühle ... (Z. 52)	Präposition und bestimmter Artikel

Hinweis: Obwohl das Wort „nachdem" an zweiter Stelle des Nebensatzes steht, handelt es sich hier um eine Konjunktion. Sie stellt eine Verbindung zwischen den beiden Teilsätzen her und macht die zeitliche Reihenfolge der Ereignisse deutlich. b) „nach" – temporale Präposition mit Dativ, „dem" – bestimmter Artikel im Dativ.

159

	Nummer
a) Alex Rühle (40), einem Journalisten, ging es genauso.	(3) Apposition
b) Das schrieb er an dem Abend, an dem er den Stecker zog.	(4) Satzgefüge
c) Er hatte das Gefühl, andauernd etwas zu verpassen.	(2) Infinitivgruppe, die sich auf ein Substantiv bezieht

Hinweis: a) Eine Apposition ist ein Zusatz, der das vorhergehende Nomen (in diesem Fall: Alex Rühle) näher erklärt. Sie wird nach dem Nomen eingeschoben und mit Kommas vom restlichen Satz abgetrennt. b) Bestimme die finiten Verben und ihre Positionen in den Teilsätzen: „Das <u>schrieb</u> er an dem Abend, an dem er den Stecker <u>zog</u>." Du erkennst das Satzgefüge daran, dass das finite Verb „schrieb" auf der Position des zweiten Satzgliedes (= Hauptsatz) und „zog" auf der Position des letzten Satzgliedes (= Nebensatz) steht. c) Im zweiten Teilsatz gibt es kein finites Verb, sondern es handelt sich bei „zu verpassen" um einen Infinitiv mit „zu". Die Infinitivgruppe „andauernd etwas zu verpassen" bezieht sich auf das Substantiv „Gefühl".

2 Stimmen *(Daniel Kehlmann)*

Lesekompetenz – Aufgaben zu Text 2 „Stimmen"

201 a) Ebling ist von Beruf Techniker.
    b) An seinem Arbeitsplatz untersucht er defekte Computer.
Hinweis: Du findest die richtigen Antworten in Z. 2 und Z. 45 f.

202 Als Techniker vertraut er Mobiltelefonen nicht, da er ihre aggressive Strahlung fürchtet.
Hinweis: Du findest die richtige Antwort in Z. 2–4.

203 Seine Familie und seine Kollegen haben sich darüber beklagt, dass er nicht zu erreichen ist.
Hinweis: Du findest die richtige Antwort in Z. 4–6. Es reicht nicht, wenn du nur schreibst, dass es Beschwerden gab, du solltest auch nennen, wer sich beklagt hat.

204

Gesprächspartner:	seine Ehefrau Elke	seine Tochter
Angelegenheit:	verbilligte Gurken kaufen	Abholen vom Ballett

Hinweis: Du findest die richtige Antwort in Z. 53–55 und Z. 80 f.

205 Er möchte vom Kundendienst eine neue Telefonnummer, da seine doppelt vergeben ist und er ständig Anrufe für jemand anderen bekommt.
Hinweis: Du weißt bereits aus der Aufgabenstellung, dass du die richtige Antwort in den Zeilen 63–73 findest. In deiner Antwort sollte nicht nur deutlich werden, dass Ebling eine neue Telefonnummer möchte, sondern auch warum.

206

	Ebling	Ralf
a) Er ist verheiratet.	☒	☐
b) Er war vor drei Jahren in Venedig.	☐	☒
c) Er ist ein angepasster Mensch.	☒	☐
d) Er wird auf einem Festival erwartet.	☐	☒
e) Er fährt mit der S-Bahn zur Arbeit.	☒	☐

	Ebling	Ralf
f) Er mag seine Arbeit.	☒	☐
g) Er ist ein gefragter Mann.	☐	☒
h) Er isst gerne Schnitzel.	☒	☐

✎ Hinweis: *a) Z. 4, b) Z. 95, c) Es wird zwar nicht direkt gesagt, dass Ebling angepasst ist, aber er hat eine Familie und eine regelmäßige Arbeit. Ralf dagegen scheint Beziehungen zu mehreren Frauen zu haben und viel herumzukommen. d) Z. 88 f., e) Z. 18 f., f) Z. 45, g) Das kannst du aus der hohen Anzahl von verschiedenen Anrufern für Ralf herleiten. h) Z. 75 f.*

207 „Das überraschte ihn, er hatte gar nicht gewusst, dass sie tanzte."

✎ Hinweis: Du findest die richtige Antwort in Z. 81.

208 Er hat Schwierigkeiten sich auszudrücken und ist gegenüber dem unbekannten Anrufer unsicher.

✎ Hinweis: Lies die angegebene Textstelle genau. Ebling stottert und schafft es nicht, dem Fremden die Situation richtig zu erklären. Das verweist auf fehlende Wortgewandtheit und Sprechhemmungen.

209 In diesem Gespräch wird deutlich, dass Ebling …

	richtig	falsch
a) Ralf kennen gelernt hat.	☐	☒
b) den Anrufer nicht über die Verwechslung aufklärt.	☒	☐
c) seine Haltung zu den Anrufen verändert hat.	☒	☐
d) sich auf seinen Aufenthalt in Venedig freut.	☐	☒
e) als Ralf reagiert.	☒	☐

✎ Hinweis: a) Dafür gibt es keinen Hinweis im Text. b) Er antwortet, als ob er Ralf wäre: Z. 91, 94. c) Zuvor hatte er immer versucht zu erklären, dass er nicht Ralf ist, nun antwortet er, als ob er Ralf wäre. d) Es gibt keinen Hinweis darauf, dass Ebling nach Venedig fährt. e) Z. 91 und 94.

210 Durch die Rückblende erfährt der Leser mehr über Ebling und seine bisherige Ablehnung von Mobiltelefonen.

✎ Hinweis: Lies dir die Textstelle genau durch. Es wird deutlich, dass Ebling gar kein Mobiltelefon haben wollte, sondern seine Mitmenschen ihn dazu überredet haben. Der Leser erfährt hier von seinem Misstrauen gegen-

über „der Sache" (Z. 2) und im weiteren Verlauf des Textes dann, dass ihm sein neues Telefon Probleme bereitet. Seine Skepsis war also berechtigt. Durch die Rückblende wird dem Leser der Konflikt erst bewusst, sein Interesse wird geweckt und es entsteht Spannung.

211 Ebling erkennt, dass in seinem bisherigen Leben zu wenig passiert ist und er sich langweilt.

Hinweis: Lies dir den Text noch einmal durch, beginne bei Z. 88. Du weißt bisher über Ebling, dass er als Techniker Computer repariert, er keinen Kontakt mit Kunden hat, sich wenig für seine Familie interessiert und früh schlafen geht (als sein Telefon nach 22 Uhr läutet, liegt er bereits im Bett). Das klingt nicht sehr aufregend. Nun bekommt er ständig Telefonanrufe für Ralf, und Ebling erfährt, dass Freunde Ralf vermissen, Leute etwas von ihm wissen wollen, er bei Festivals in Locarno und Venedig zu tun hat und ihn verschiedene Frauen sprechen wollen. Das klingt sehr aufregend. Er freut sich nun darauf, dass Schwung und Spannung in sein Leben kommen. Gleichzeitig wird ihm deutlich, wie langweilig er bisher gelebt hat.

212 Der Titel der Geschichte „Stimmen" bezieht sich auf die unbekannten Anrufer, die mit Ebling reden und ihn für Ralf halten. Durch das Gespräch mit den Fremden verändert sich Ebling. Sie sprechen die Punkte an, die Ebling in seinem Leben stören, man könnte also sagen, dass sie gewissermaßen seine innere(n) Stimme(n) personifizieren.

Hinweis: Aus deiner Antwort muss klar hervorgehen, dass die Veränderungen im Verhalten Eblings durch die Anrufe der Fremden ausgelöst werden. Überlege dir auch, wofür das Wort „Stimmen" in übertragener Bedeutung stehen kann. Was ist z. B. gemeint, wenn man „eine Stimme hört" oder mit dem Ausdruck „eine (innere) Stimme sagt mir"? Eine Stimme von außen, die zu der Hauptfigur spricht und bei ihr eine Veränderung bewirkt, ist ein häufiges literarisches Motiv (z. B. Stimme eines Geistes etc.). Sie steht oft als Personifikation für die „innere Stimme" der Figur und wird eingeführt, um ihre inneren Veränderungen besonders anschaulich zu machen.

251 a) Die beiden Handlungen finden gleichzeitig statt.

b) Die Handlungen laufen zeitlich nacheinander ab.

✏ *Hinweis: a) Beide finite Verben stehen in der gleichen Zeitform: im Präteritum. Das verdeutlicht die Gleichzeitigkeit der beiden Handlungen. Stell dir die Szene im Film vor: Der Mann ist noch in der Tür der Bahn, während schon das Klingeln des Handys zu hören ist. b) Die Zeitform im ersten Teilsatz ist das Plusquamperfekt („gestiegen war"). Das finite Verb „läutete" steht hingegen im Präteritum. Durch die verschiedenen Zeitformen wird deutlich, dass ein Geschehen nach dem anderen abläuft: Das Aussteigen ist zum Zeitpunkt, zu dem das Telefon läutet, bereits abgeschlossen. Stell dir auch diese Szene im Film vor: Der Mann ist bereits auf der Straße, die Bahn steht oder fährt im Hintergrund los und nun klingelt sein Handy.*

252

| d) Da er Techniker war und der Sache nicht vertraute, hatte er sich jahrelang geweigert, eines zu kaufen. | **X** |

✏ *Hinweis: Vergleiche die Satzgefüge jeweils mit dem vorgegebenen Aussagesatz und überprüfe, 1. ob die Fakten übereinstimmen (er ist Techniker, er vertraut der Sache nicht, er weigert sich jahrelang, ein Handy zu kaufen) und 2. ob die Zusammenhänge zwischen den Fakten übereinstimmen. Die Konjunktion „denn" gibt an, dass bestimmte Fakten (Techniker, kein Vertrauen) der Grund für Eblings Kaufverweigerung sind. a) Die Fakten stimmen nicht: Es wird nicht gesagt, dass er sich jahrelang weigerte, ein Handy zu kaufen, sondern dass er sich eines gekauft hat. b) Hier stimmen die Fakten, aber nicht die Zusammenhänge: Die Konjunktion „falls" und die Verwendung des Konjunktivs II verschieben die Aussage in den Bereich des Irrealen. Der vorgegebene Satz steht jedoch im Indikativ und drückt einen tatsächlichen, realen Sachverhalt aus. c) Auch hier stimmen die Fakten, aber nicht der Zusammenhang: Die Konjunktion „nachdem" ist temporal und gibt den kausalen Zusammenhang des Aussagesatzes nicht wieder. d) Die Fakten und der Zusammenhang stimmen: Die Konjunktion „da" ist wie „denn" kausal; sie gibt den Grund für Eblings Kaufverweigerung an.*

		Nummer
a)	Es <u>war</u> Elke, die ihm <u>sagte</u>, er <u>solle</u> noch Gurken kaufen heute Abend auf dem Heimweg.	(4) HS, NS, HS
b)	Das <u>überraschte</u> ihn, er <u>hatte</u> gar nicht gewusst, **dass** sie <u>tanzte</u>.	(2) HS, HS, NS
c)	So <u>fühlte</u> es sich also an, **wenn** man etwas <u>hatte</u>, auf das man sich freute.	(1) HS, NS, NS

Hinweis: Unterstreiche die finiten Verben, um zu erkennen, ob es sich um einen Haupt- oder Nebensatz handelt. Achte auf die Konjunktionen: „dass" leitet immer einen Nebensatz ein, ebenso „wenn".

254 Sie möchte wissen, warum er sich so lange nicht bei ihr gemeldet habe.

Hinweis: „Sich <u>rar</u> machen" bedeutet: selten da zu sein. Du findest das Wort in „<u>Rari</u>tät": eine kostbare Seltenheit. Schlage auch im Wörterbuch nach.

255 unvollständige Sätze (*oder:* Ellipsen, einfacher Satzbau, Ausrufe, Umgangssprache u. Ä.)

Hinweis: In der gesprochenen Sprache verwenden wir häufig Kurzsätze; wir „verschlucken" z. B. „ich" („Bin wohl dort", Z. 91) oder „das" („War ja zu erwarten.", Z. 92), verwenden Ausrufe („Wird aber Zeit!", Z. 95) und Umgangssprache („durchziehen", Z. 89). Wenn es dir schwerfällt, die Merkmale mündlicher Kommunikation zu erkennen, überlege dir, welche der Sätze in Z. 88–96 du in einem offiziellen Schreiben (z. B. einem offiziellen Brief) anders formulieren würdest.

256 freischalten

Hinweis: Lies den ganzen Satz von Zeile 5–7 und überlege dir dann, wie du den Vorgang, ein Handy aktivieren zu lassen, üblicherweise in deinem Alltag nennst.

257

a)	wider Willen	bedeutet „gegen den Willen"
b)	Widerwillen	bedeutet „Abscheu, Abneigung"

Hinweis: Überlege dir eigene Sätze, in denen die Formulierungen „wider Willen" und „Widerwillen" vorkommen, und versuche dann, sie durch andere Wörter zu ersetzen. Sieh auch im Wörterbuch nach.

258 Die Schadensmeldung erscheint „kryptisch", da der Verfasser unklare Abkürzungen verwendet (z. B. „v."), Rechtschreibfehler macht (z. B. „Displäy")
und unvollständige Sätze schreibt.

*Hinweis: „Kryptisch" bedeutet „unklar, schwer zu deuten". Wird ein
Text als „kryptisch" bezeichnet, so muss er erst noch übersetzt/entschlüs-
selt werden. Der kryptische Eindruck entsteht hier dadurch, dass der Text
vom üblichen Sprachgebrauch und der korrekten Schreibweise abweicht.
Überlege dir, welche Textstellen du nicht verstehst, und schreibe die Schadensmeldung dann auf einem Schmierpapier so auf, dass sie verständlich
ist. Auf diese Weise wird dir schnell auffallen, welche Schreibregeln hier
verletzt wurden.*

3 Schwarz & stark

Lesekompetenz – Aufgaben zu den Texten „Schwarz & stark"

301
b) Jeder Deutsche verbraucht im Jahr 7,5 Kilogramm Kaffee.	☒

*Hinweis: Die Aussage a) findest du in der Grafik „Mit oder ohne Kof-
fein?" (linke Seite, Mitte). Die Aussage c) findest du in der Grafik „Fieberkurve an der Börse" (rechte Seite, Mitte) sowie im Text in der Mitte, neben
dem Titel „Schwarz & stark". Die Aussage d) findest du in der Grafik „Das
liebste Getränk der Deutschen" (linke Seite, Mitte).*

302 Beide Symbole zeigen eine Kaffeebohne. Man kann sie jedoch nicht gegeneinander austauschen, da sie unterschiedliche Kaffeesorten symbolisieren:
Das obere Symbol mit dem geraden Strich in der Mitte steht für die Robusta-Bohne, die durch einen geraden Einschnitt gekennzeichnet ist. Das untere
Symbol mit dem gewellten Strich in der Mitte steht für die Arabica-Bohne,
deren Einschnitt gewunden ist.

*Hinweis: Lies den kurzen Text neben den Symbolen: Zwei verschiedene
Kaffeesorten werden vorgestellt, und es wird u. a. ihr unterschiedliches Aussehen beschrieben. Sieh dir die beiden Symbole an: Es sind vereinfachte
Zeichnungen der beiden beschriebenen Kaffeebohnen. Da die Zeichnungen
den optischen Unterschied zwischen den verschiedenen Kaffeebohnen ver-
anschaulichen sollen, sind sie nicht gegeneinander austauschbar.*

303

c) 40 Prozent	☒

✎ **Hinweis:** *Du findest die richtige Lösung auf der linken Seite. Im vierten Kästchen von oben steht, dass „etwa 40 % der täglichen Kaffeedosis" außer Haus konsumiert werden.*

304

		richtig	falsch
a)	Der überwiegende Teil des Erlöses aus dem Verkauf des Kaffees gelangt an die Kaffeearbeiter.	☐	☒
b)	Der prozentuale Anteil des Einzelhandels am Kaffeepreis ist höher als bei den Röstern.	☒	☐
c)	Ab Juli des Jahres 2010 stieg der an der Börse gehandelte Preis für Kaffee am stärksten an.	☒	☐
d)	Der teuerste Kaffee der Welt kommt aus Peru.	☐	☒
e)	In Afrika befinden sich die meisten Kaffee produzierenden Länder.	☐	☒

✎ **Hinweis:** *a) Grafik „So entsteht der Kaffeepreis": Du findest die Angabe, dass nur 5,1 % des Kaffeepreises als Lohn an die Kaffeearbeiter gehen. In der Grafik entspricht dem der kleine weiße Bereich rechts; es ist der geringste Teil des Erlöses aus dem Verkauf. b) Grafik „So entsteht der Kaffeepreis": Du findest die Angabe, dass 23,7 % des Preises an den Einzelhandel gehen und nur 17,8 % an Händler und Röster. Daher ist die Aussage richtig. c) Grafik „Fieberkurve an der Börse": Die Kurve steigt am Ende stark an. Auf der x-Achse kannst du ablesen, zu welchem Zeitpunkt der Anstieg begann: im Juli 2010. d) Kästchen unten rechts „Der teuerste Kaffee der Welt": Der teuerste Kaffee der Welt wird in Indonesien produziert. e) Grafik „Dort kommt unser Kaffee her": In der Grafik werden die Länder genannt, in denen Kaffee produziert wird. Nur zwei davon sind afrikanisch: Äthiopien und Uganda. Die meisten Kaffee produzierenden Länder befinden sich in Mittel- und Südamerika.*

305 a) Der Anteil des „fair" gehandelten Kaffees steigt an.
     b) Die Handelsform wird als „fair" bezeichnet, weil die Kaffeebauern einen Mindestpreis erhalten.

✎ **Hinweis:** *a) In der Grafik siehst du eine steigende Kurve. Sie zeigt die Produktionsmengen von Kaffee mit dem Fairtrade-Siegel. Daran erkennst du, dass der Anteil des „fair" gehandelten Kaffees zunimmt. b) In der Beschreibung der Grafik steht, dass die Bauern einen Mindestpreis bekommen.*

306 y-Achse: Liter pro Jahr (Liter/Jahr)

Hinweis: *In der Beschreibung der Grafik liest du, dass der deutsche Bundesbürger „150 Liter Kaffee jährlich" trinkt. Die Angaben „150" und „Kaffee" stimmen mit der Beschriftung des ersten Balkens in der Grafik überein. Da die Aufgabenstellung für die x-Achse bereits „Getränkeart/Getränk" vorgibt, kann sich die Angabe „Kaffee" nur auf die x-Achse beziehen und die Angabe „150" somit auf die y-Achse. Daraus kannst du schlussfolgern, dass alle Zahlen, die über den Balken stehen, den jährlichen Verbrauch des jeweiligen Getränks angeben, und zwar in Litern (z. B. 109 Liter Bier pro Jahr). Die korrekte Bezeichnung für die y-Achse ist damit „Liter/Jahr."*

307 Fieberkurve an der Börse

Hinweis: *Auf der y-Achse steht der Dollarpreis pro Kilo Kaffee; die Kurve zeigt, wie sich der Kaffeepreis zwischen 2007 und 2011 entwickelt hat. Die Beschreibung der Grafik enthält zudem eine zusammenfassende Aussage zur Preisentwicklung: Der Kaffeepreis hat sich fast verdoppelt.*

308 „Zweieinhalb Tassen pro Tag" ist ein Durchschnittswert.

Hinweis: *Lies die Beschreibung der Grafik genau. Es geht hier nicht um den tatsächlichen Kaffeegenuss jedes Bundesbürgers, sondern nur um den statistischen Durchschnitt. Daher ist die Aussage, dass jeder Bundesbürger zweieinhalb Tassen Kaffee pro Tag trinkt, falsch. Denn es gibt Bundesbürger, die keinen Kaffee trinken, Bundesbürger, die weniger als zweieinhalb Tassen trinken, solche, die weit mehr trinken, usw. Aus den Angaben, die alle befragten Bundesbürger gemacht haben, wurde der Mittelwert von zweieinhalb Tassen errechnet.*

4 Schreibkompetenz – Überarbeiten eines Textes

481	„Ruhm" heißt der neue Roman des ~~Schriftsteller~~ Daniel Kehlmann.	**G (Kasus):** *Schriftstellers*
482	Sein Werk stellt ~~interressante~~ Charaktere dar.	**R:** *interessante*
483	Die abwechslungsreiche Sprache macht das Lesen nie anstrengend und ist leicht zu ~~kapieren~~.	**A:** *verstehen*
484	Was die neun Geschichten zu ~~einen~~ Roman macht, ist die Verknüpfung der einzelnen Handlungsstränge.	**G (Kasus):** *einem*
485	Die Tücken der neuen Medien ~~zieht~~ sich dabei wie ein roter Faden durch das Buch.	**G (Numerus):** *ziehen*
486	Da ist z. B. ein Techniker, der ein neues Handy bekommt, dessen Nummer bereits vergeben ist.	**Z:** *Korrigieren Sie im Text.*
487	Das Buch hat mich in jeder ~~Aussicht~~ überrascht.	**G (Lexik):** *Hinsicht*
488	Eigentlich wollte ich es nur kurz anlesen, ~~sondern~~ ich konnte es einfach nicht mehr aus der Hand legen.	**G (Konjunktion):** *aber / doch*
489	Man spürt den Spaß, den Kehlmann beim ~~schreiben~~ gehabt haben muss.	**R:** *Schreiben*
490	Abschließend möchte ich sagen, dass Daniel Kehlmann ein lesenswertes Buch verfasst hat.	**Z:** *Korrigieren Sie im Text.*

Hinweis: 481) Der Artikel „des" steht im 2. Fall Genitiv, d. h., dass auch das zugehörige Nomen im Genitiv stehen muss. Wessen neuer Roman? Des Schriftstellers. Bei maskulinen Nomen wird der Genitiv in der Regel mit „s" am Ende gebildet.

482) Schlage die korrekte Schreibweise im Wörterbuch nach, wenn du dir nicht ganz sicher bist.

483) „Kapieren" ist ein Wort aus der Umgangssprache. Verwende hier ein Synonym aus der Hochsprache, um den Ausdruck des Satzes zu verbessern.

484) Artikel und Nomen müssen beide im Dativ (3. Fall) stehen: Zu wem werden die Geschichten gemacht? Zu einem Roman.

485) Es muss „ziehen" heißen, weil sich dieses Verb auf ein Nomen bezieht, das im Plural steht: „die Tücken".

486) Das Satzgefüge besteht aus drei Teilsätzen (HS, NS, NS), zwischen denen Kommas stehen müssen. Du kannst den letzten Teilsatz daran erkennen, dass er durch ein Relativpronomen („dessen") eingeleitet wird und das finite Verb („ist") am Schluss steht.

487) Überlege dir, wie man das Wort „Aussicht" umschreiben könnte und in welchem Zusammenhang man das Wort verwendet, dann erkennst du, dass es hier korrigiert werden muss.

488) Die Konjunktion „sondern" kann nur nach einer verneinten Aussage verwendet werden („Ich wollte es nicht ganz lesen, sondern nur anlesen.").

489) Du musst „Schreiben" großschreiben, weil es sich hier um eine Nominalisierung handelt. Dass „schreiben" hier als Nomen verwendet wird, erkennst du an dem vorangestellten Artikel: „beim (= bei dem) Schreiben".

490) Das Satzgefüge besteht aus zwei Teilsätzen (HS, NS), die durch ein Komma voneinander getrennt werden müssen. „Dass" leitet immer einen Nebensatz ein; wenn es innerhalb eines Satzgefüges steht, musst du davor ein Komma setzen.

Hinweis: Der Schreibplan ist die Grundlage für den Aufsatz, den du anschließend schreiben sollst. Er vereinfacht das Schreiben, weil deine Gedanken und Argumente auf diese Weise schon geordnet sind und du sie später nur noch ausformulieren musst.

Vorbereitung: Die Aufgabenstellung gibt dir in der Tabelle sowohl die These als auch die Gegenthese vor. Lies dir beide durch, bevor du dich mit den Meinungsäußerungen beschäftigst. Kennzeichne nun die Pro- und Kontra-Argumente in den Sprechblasen, z. B. mit unterschiedlichen Farben oder mit +/–.

Einleitung: Anregungen für eine Einleitung findest du in dem Textabschnitt über den Sprechblasen. Es genügt, wenn du sie stichpunktartig notierst.

Hauptteil: Entscheide dich für jeweils zwei Argumente, welche dir besonders sinnvoll erscheinen, um These und Gegenthese zu untermauern. Orientiere dich daran, für welches Argument dir ein Beleg oder Beispiel einfällt. Schreibe die Argumente nun **umformuliert** (also mit deinen eigenen Worten) in die entsprechenden Tabellenabschnitte. Ergänze deine Argumente mit einem passenden Beispiel, das du dir ausdenken oder aus einer anderen Sprechblase entnehmen kannst. Achte darauf, im Schreibplan noch nicht zu ausführlich zu formulieren. Kurze Sätze genügen.

Schluss: Achte im Schlussteil darauf, dass du deine eigene Einstellung deutlich machst, also ob du eher die These oder die Gegenthese unterstützt. Überprüfe, ob dein Fazit zur Einleitung passt. Auch hier reicht es, wenn du nur Stichpunkte festhältst.

1. Einleitung		
581	Schreibanlass/ Hinführung zum Thema	Tattoos und Piercings bei Jugendlichen und Erwachsenen heutzutage weit verbreitet; Schüler unserer Schule bekam aufgrund auffälliger Piercings Ablehnung für Ausbildungsplatz; gerechtfertigt?
2. Hauptteil		
	These	Piercings und Tattoos werden heute allgemein akzeptiert.
582	1. Argument	• Menschen aller Altersgruppen und Schichten tragen Tattoos oder Piercings,
583	Beleg/Beispiel	• z. B. die Frau des ehemaligen Bundespräsidenten.

584	2. Argument	• Piercings und besonders Tattoos können als Kunst betrachtet werden.
585	Beleg/Beispiel	• Um ein gutes Tattoo zu stechen, muss man sich intensiv mit dieser künstlerischen Tradition beschäftigt haben. Es gibt z. B. verschiedene Stilrichtungen sowie ästhetische und handwerkliche Regeln, die beachtet werden müssen.
	Gegenthese	Tattoos und Piercings sind nicht in allen Lebensbereichen erwünscht.
586	1. Argument	• Nicht allen Menschen gefallen auffällige Tattoos oder Piercings.
587	Beleg/Beispiel	• Im Servicebereich, z. B. bei Kellnern oder Verkäufern, können sich Kunden davon gestört, vielleicht auch provoziert fühlen.
588	2. Argument	• Es gibt Berufe oder Arbeitsbereiche, in denen das Tragen von Körperschmuck aus hygienischen Gründen verboten ist,
589	Beleg/Beispiel	• z. B. bei Berufen im medizinischen Bereich.
	3. Schluss	
590	Fazit/ eigene Positionierung/ Ausblick	Piercings und Tattoos heben die Individualität des Trägers hervor, aber manchmal sind sie unpassend. Der Träger eines Tattoos oder Piercings sollte sich entsprechend verhalten.

6 Schreibkompetenz – Umsetzung des Schreibplans: Verfassen eines Artikels für die Schülerzeitung

✏ *Hinweis: Schreibe nun den Text für die Schülerzeitung mithilfe deines Schreibplans. Formuliere die Argumente/Gegenargumente und ihre jeweiligen Belege in vollständigen Sätzen aus. Achte darauf, sie durch passende Konjunktionen und Überleitungen miteinander zu verbinden. Die Argumentation sollte deine Einstellung zur These Schritt für Schritt und ohne Widerspruch entwickeln. Deine Meinung muss klar erkennbar sein. Formuliere diese ausführlich im Schlussteil, nachdem du die einzelnen Argumente/Gegenargumente erläutert hast.*

Vorsicht: Die Aufgabenstellung verlangt von dir einen Artikel für die Schülerzeitung, was auf den ersten Blick vielleicht vermuten lässt, dass du deinen Text in einem „lockeren" Schreibstil verfassen kannst. Es wird jedoch ausdrücklich darauf hingewiesen, dass du die Standardsprache verwenden sollst. Achte daher unbedingt darauf, nicht zu umgangssprachlich zu formulieren und dich an die Regeln der Rechtschreibung und Grammatik zu halten.

Werden Tattoos und Piercings heute allgemein akzeptiert?

Viele Jugendliche und Erwachsene tragen heutzutage Tattoos und Piercings. Beides ist mittlerweile so verbreitet, dass man damit kaum noch besondere Aufmerksamkeit erregt. Trotzdem bekam ein Schüler unserer Schule aufgrund seiner auffälligen Piercings eine Ablehnung für einen Ausbildungsplatz, auf den er sich beworben hatte. Daher stellt sich die Frage, ob Tattoos und Piercings wirklich von allen akzeptiert werden.

Einleitung: Schreibanlass / Hinführung zum Thema

Fragestellung

Dass Piercings und Tattoos heute allgemein akzeptiert werden, lässt sich durch verschiedene Argumente belegen. Es ist auffällig, dass sich in unserer Gesellschaft mittlerweile Menschen aller Altersgruppen und Schichten mit Tattoos oder Piercings schmücken, nicht mehr nur Jugendliche oder Punks. Selbst bei Personen des öffentlichen Lebens sind sie heute nicht mehr unüblich, wie das Beispiel der Frau des ehemaligen Bundespräsidenten Wulff zeigt, die ein Tattoo auf der Schulter trägt.

Hauptteil: These

1. Argument

Beleg / Beispiel

Die breite Akzeptanz von Piercings und Tattoos lässt sich auch darin erkennen, dass viele in ihnen Kunstwerke sehen. Insbesondere Tattoos werden zum großen Teil sehr aufwendig produziert. Um ein gutes Tattoo zu stechen, muss sich der Tätowierer intensiv mit dieser künstlerischen Tradition beschäftigt haben, da es verschiedene Stil-

2. Argument

Beleg / Beispiel

richtungen sowie ästhetische und handwerkliche Regeln gibt, die beachtet werden müssen.

Allerdings kann man auch nicht die Augen davor verschließen, dass Tattoos und Piercings nicht in allen Lebensbereichen erwünscht sind. **Gegenthese**

Auf jeden Fall kann man davon ausgehen, dass nicht alle Menschen Tattoos oder Piercings schön finden, denn jeder hat eine andere Vorstellung von Ästhetik. 1. Argument Wird ein Kunde, dem ein solcher Körperschmuck nicht gefällt, von einem gepiercten oder tätowierten Servicemitarbeiter bedient, so könnte er sich davon gestört, vielleicht auch provoziert fühlen und dieses Geschäft eventuell nicht mehr besuchen. Beleg / Beispiel

Weiterhin muss man bedenken, dass es Berufe oder Arbeitsbereiche gibt, in denen das Tragen von Körperschmuck verboten ist. 2. Argument Das hängt unter anderem damit zusammen, dass hohe Anforderungen an die Hygiene gestellt werden, die durch das Tragen von Ringen, Ketten oder Piercings nicht eingehalten werden können. Ein Beispiel dafür sind Berufe im medizinischen Bereich, die mit einem hohen Infektionsrisiko verbunden sind. Beleg / Beispiel

Ich finde es in Ordnung, wenn jemand seinen Körper mit Tattoos oder Piercings verschönert, denn dadurch kann die Persönlichkeit des Trägers hervorgehoben werden. **Schluss:** eigene Positionierung Manchmal gibt es jedoch gesellschaftliche Regeln, die über den individuellen Bedürfnissen des Einzelnen stehen. Diese Situationen sollte der Träger eines Tattoos oder Piercings unterscheiden können und sich entsprechend verhalten. Das bedeutet, dass man z. B. bei einem Einstellungsgespräch seine Piercings besser herausnimmt und Tätowierungen durch geeignete Kleidung bedeckt. Insgesamt kann Fazit man also festhalten, dass Tattoos und Piercings nicht allgemein, sondern nur in bestimmten Bereichen akzeptiert werden.

1 Von Bombay nach Bayernwood
Jenny Hoch

1 Seit Jahren drehen indische Regisseure ihre bunten Bollywood-Dramen in den Schweizer Alpen – und lösten einen Touristenboom aus. Nun hoffen auch deutsche Bergdörfer auf das lukrative Geschäft. Immerhin war es einst ein Bayer, der das indische Kino entscheidend prägte.

5 Als die schöne Inderin Diyaa Sharma im orange-goldenen Sari ihrem Angebeteten einen Kuss auf die Wange haucht, stapfen im Hintergrund Wanderer in Lederhosen und derben Bergschuhen vorbei. Sehnsüchtig schmachtend blickt das orientalische Paar hinauf zu den schroffen Gipfeln, während es Hand in Hand über eine Almwiese tanzt. Dann winkt es einen Sonnenschirmträger heran – und 10 läuft über den mit Kuhfladen bedeckten Feldweg zum Mittagessen.

Auf einer Anhöhe in der Nähe von Innsbruck prallen die Kulturen aufeinander: Ein Filmteam aus der südindischen Metropole Hyderabad dreht gerade die Schlüsselszene des Films „Asadhyudu", was auf deutsch so viel heißt wie „Tapferer Mann". Die Musical-Einlagen in solchen Filmen werden „Song and 15 Dance"-Sequenzen genannt. Sie sind der beliebteste Bestandteil der Drei-Stunden-Epen, die Songs dazu sind meist schon Wochen vorher in den Charts. Für westlichen Geschmack eher kitschig, funktionieren die Einschübe wie Traumsequenzen und spielen ohne Zusammenhang mit der eigentlichen Handlung vor malerischen Kulissen – am liebsten vor alpenländischen Gipfeln, Bergseen und 20 Blumenwiesen.

Bis in die achtziger Jahre wurden diese Szenen im Kaschmir-Gebirge gedreht, nach hinduistischem Glauben der Sitz der Götter. Als dieses Gebiet durch politische Unruhen immer unsicherer wurde, fanden die Produzenten in der Schweiz perfekte Ersatzkulissen für die Tanzeinlagen. Inzwischen kennt fast 25 jedes indische Kind Bilder der Schweizer Berglandschaft. Auf der Suche nach neuen, unverbrauchten Schauplätzen hat die milliardenschwere indische Filmindustrie nun die Tiroler Alpen für sich entdeckt. Und in Österreich tut man alles, um den finanzkräftigen Produzenten und Filmemachern die Arbeit so angenehm wie möglich zu machen.

30 Verwunderlich ist das nicht, denn die indische Filmwirtschaft ist mit rund 1 000 Produktionen im Jahr die größte der Welt und wird deshalb Bollywood genannt. Daneben nimmt sich Hollywood mit höchstens halb so vielen Filmen jährlich geradezu bescheiden aus.

Kaum ein Team auf deutschem Boden

35 Für ein Land wie Tirol zahlt es sich also aus, wenn indische Filmteams dort drehen. Nicht nur, dass die Region so auf einem der weltgrößten Märkte der
Zukunft bekannt wird – Indien hat mehr als eine Milliarde Einwohner und ist
nach China der zweitbevölkerungsreichste Staat der Erde –, die zahlungskräftige
indische Mittel- und Oberschicht reist auch gerne auf den Spuren ihrer Filmhel-
40 den um die Welt. So sind in Tirol in den vergangenen fünf Jahren die Übernachtungen indischer Film-Touristen um 100 Prozent gestiegen. Etwa 20 000
Übernachtungen habe man allein im Jahr 2004 gezählt, sagt Johannes Koeck, der
im Auftrag des Landes Tirol die indischen Filmcrews betreut. [...]

In Deutschland tut man sich indes schwer, die betuchten Film-Inder anzulo-
45 cken. Kaum ein Team verirrt sich bisher auf deutschen Boden. Und das, obwohl
auch hier der Siegeszug Bollywoods begonnen hat, seit RTL2 indische Block-
buster wie „Nur dein Herz kennt die Wahrheit" ausstrahlt und mit den knallbun-
ten Rührstücken Rekord-Einschaltquoten verbucht.

Von offizieller Seite werden die indischen Filmproduzenten in Deutschland
50 deshalb heftig umworben. Ganz offen wird ausgesprochen, dass es bei der bayerisch-indischen Woche in München [...] oder beim jährlichen Film-Festival
„Bollywood and Beyond" in Stuttgart zwar auch um Kunst und interkulturellen
Austausch gehe, vor allem aber um Kommerz: „Wir halten engen Kontakt mit
indischen Filmproduzenten und wollen unsere Region für den dortigen Markt so
55 attraktiv wie möglich machen", sagt Marianne Gassner, Leiterin der Film
Comission Stuttgart. [...]

Franz Osten, Guru

Die deutsch-indische Zusammenarbeit klappte schon mal besser. Denn ausge-
rechnet ein Deutscher war einer der Pioniere des Bollywood-Kinos. Der hier zu
60 Lande vergessene Münchner Franz Ostermayr, der sich selber Franz Osten
nannte, prägte das indische Kino als Regisseur wie kein Zweiter. Zwischen 1935
und 1939 führte der Bayer bei nicht weniger als 16 Spielfilmen für die indische
Produktionsfirma „Bombay Talkies" Regie. „Osten setzte technische und dramaturgische Maßstäbe", sagt Gerhard Koch, Professor für Germanistik und
65 Anglistik, der während eines Lehrauftrages an der Delhi-University in unzähli-
gen Archiven nach dem bayerischen Filmemacher forschte. So habe der mäch-
tige Filmmogul[1] Sasadhar Mukherji, der bei Osten als Tontechniker angefangen
hatte, noch Jahrzehnte später von dem Deutschen geschwärmt: „Er war unser
Guru, von ihm haben wir alle gelernt."

70 In Deutschland hatte Osten 1909 in München-Schwabing die Produktionsfirma Emelka gegründet, die sich bald zum süddeutschen Gegenstück der Ufa
entwickelte und aus der später die Bavaria Film hervorging. Hauptsächlich pro-
duzierte das Unternehmen Monumentalfilme mit exotischen Themen – in der

Weimarer Republik absolute Kassenschlager. Als Osten 1935 auf Anraten seines
75 Freundes Himansu Rai, mit dem er schon in Deutschland mehrere deutsch-indische Koproduktionen realisiert hatte, nach Indien zog, fiel dem patenten[2]
Stummfilmregisseur die Umstellung nicht schwer. Ursprünglich hatte er seine
Karriere mit der Verfilmung von drittklassigen Heimatromanen des Münchner
Lokaldichters Ludwig Ganghofer begonnen, nun übertrug er die gefällige Dra-
80 maturgie dieser Filme einfach auf indische Gegebenheiten. Außer den Kostümen
änderte sich überraschend wenig.

Das gilt bis heute. Ein Bollywoodfilm ist eben ein richtig schöner Heimatfilm. Er befriedigt die Sehnsucht nach geordneten Verhältnissen und bringt
weltweit immer mehr Menschen zum Träumen. Allein in Deutschland schalteten
85 2,33 Millionen ein, als RTL2 im vergangenen Jahr den ersten von insgesamt
zwölf Bollywoodfilmen zeigte. Egal, ob im Sari oder in der Lederhose, was der
globalisierte Zuschauer sehen will, ist denkbar einfach: ein wenig Schmerz und
ganz viel Herz.

*Quelle: Jenny Hoch, http://www.spiegel.de/kultur/kino/indisches-kino-von-bombay-nach-
bayernwood-a-429922.html (Aufruf vom 03. 11. 2011)*

1   hier: sehr einflussreicher Mann in der Filmbranche
2   hier: talentierten, begabten

Lesekompetenz – Aufgaben zu Text 1
„Von Bombay nach Bayernwood"   Punkte

101 Notieren Sie,
   a) welche die größte Filmwirtschaft der Welt ist.
   b) wie viele Filmproduktionen diese im Jahr herausbringt.

   a)   *Die die indische Filmwirtschaft*   1

   b)   1
              (u. 1000

102 Vor welcher Kulisse werden die „Song and Dance"-Sequenzen heute
    häufig gedreht?   1
       *Vor alpenländische Gipfel, Bergen und
       Blumenwiesen*

103 Notieren Sie zwei Vorteile für die Region Tirol, wenn dort indische
    Filmproduzenten drehen.   2
    • *bringt Tourismus*
    • *Region wird im Filmmarkt bekannt*

2013-3

104 Kreuzen Sie an, ob die folgenden Aussagen zu Franz Ostermayr richtig oder falsch sind.

3

		richtig	falsch
a)	Er war ein Wegbereiter des Bollywood-Kinos.	☒	☐
b)	Er gründete die Produktionsfirma Bavaria.	☒	☒
c)	Er war mit Ludwig Ganghofer befreundet.	☐	☒
d)	Er produzierte den Film „Nur dein Herz kennt die Wahrheit".	☐	☒
e)	Er hat seine Karriere als Tontechniker begonnen.	☐	☒

105 Im Text wird der Bollywood-Film mit einem „richtig schöne[n] Heimatfilm" gleichgesetzt (Z. 82 f.).
Notiere Sie zwei Gemeinsamkeiten dieser Filme.

2

- mmt gleiche Filmaufbau mit Happy End
- Spielt meistens im eigenen Land

106 Im Text wird das Filmfestival „Bollywood and Beyond" erwähnt (Z. 52). Notieren Sie,

1

a) wo und
b) wie oft es stattfindet.
a) in Stuttgard
b) jedes Jahr einmal

107 Die Musical-Einlagen sind nicht immer in den Schweizer Alpen gedreht worden. Notieren Sie,

1

a) wo sie früher gedreht wurden.
b) warum die Produzenten nach einer anderen Kulisse gesucht haben.
a) im Kaschmir Gebirge
b) es wurde zu gefährlich

108 Notieren Sie, worauf die Teilüberschrift „Kaum ein Team auf deutschem Boden" aufmerksam macht.   1

- es wird Partner in der Schweiz gedreht, nicht in D-land

109 Auch in Deutschland nimmt die Bedeutung des Bollywood-Films zu. Notieren Sie hierfür einen Beleg aus dem Text.   1

Filme werden in RTL 2 gezeigt

110 Der Titel des Textes heißt: „Von Bombay nach Bayernwood". Erläutern Sie die Bedeutung dieses Titels bezogen auf den Text.   2

Bayernwood ist eine Anspielung auf Bollywood.
Der Titel verdeutlicht den

111 Im Text ist von „Film-Touristen" die Rede. Notieren Sie,
   a) wer damit gemeint ist.
   b) warum diese Touristen zu den Drehorten reisen.

   a) *Menschen die Drehorte eines Filmes besuchen*   1

   b) *Sie haben viel Geld und interessieren sich dafür*   1

112 Indien wird im Text als einer „der weltgrößten Märkte der Zukunft" (Z. 36 f.) bezeichnet. Notieren Sie den Grund dafür.   1

großes, aufstrebendes Entwicklungsland

113 Welches ist das Hauptanliegen der bayerisch-indischen Woche in München?   1

a)	Produktion von Filmen	☐
b)	Kommerz	☑
c)	interkultureller Austausch	☐
d)	Kunst	☐

Lesekompetenz gesamt   **20**

151 Ein Lokaldichter ist ein Schriftsteller, der …
Kreuzen Sie an.   1

a) seine Werke in einem Restaurant schreibt.	☐
b) über Restaurants schreibt.	☐
c) Themen aus einer bestimmten Region verarbeitet.	☒
d) nebenbei als Wirt arbeitet.	☐

152 Im Text ist die Rede von „Koproduktionen".
Erklären Sie die Bedeutung des Präfixes (der Vorsilbe).   1

=) Zusammen, Miteinander, Gemeinsam

153 Notieren Sie stichpunktartig die Regeln für die Kommasetzung in
den folgenden Sätzen.

	Kommaregel	
Auf der Suche nach neuen, unverbrauchten Schauplätzen hat die indische Filmindustrie die Tiroler Alpen entdeckt.	Aufzählung	1
Und in Österreich tut man alles, um den finanzkräftigen Produzenten die Arbeit so angenehm wie möglich zu machen.	Um Pirginliii erweit inf.	1
Als dieses Gebiet durch politische Unruhen immer unsicherer wurde, fanden die Produzenten in der Schweiz perfekte Ersatzkulissen.	M, S, M	1

154 Erklären Sie die unterschiedlichen Aussagen der folgenden zwei
   Sätze: 1
   a) Kaum ein Team verirrt sich bisher auf deutsch<u>en</u> Boden.
   b) Kaum ein Team verirrt sich bisher auf deutsch<u>em</u> Boden.

   a) _____

       _____

   b) _____

       _____

155 Formen Sie den folgenden Satz ins Passiv um.
   Osten setzte technische und dramaturgische Maßstäbe.   1

   _____

   _____

156 Im Text wird der Bollywood-Film als „<u>Rührstück</u>" bezeichnet (Z. 48).
   Erklären Sie, was damit gemeint ist.   1

   _____

   _____

157 Im Text heißt es: „Inzwischen kennt fast jedes indische Kind Bilder
   der Schweizer Berglandschaft." (Z. 24 f.)
   Ersetzen Sie das Wort „inzwischen" durch ein anderes hier passendes.   1

   _____

158 Kreuzen Sie an, ob es sich bei den folgenden Wörtern um eine Wortzusammensetzung (ein Kompositum) oder um eine Ableitung handelt.   2

		Wortzusammensetzung	Ableitung
a)	Filmindustrie	☒	☐
b)	verbuchen	☐	☒
c)	jährlich	☐	☒
d)	süddeutsch	☒	☐
e)	Siegeszug	☒	☐
f)	denkbar	☐	☒

Sprachwissen und Sprachbewusstsein gesamt   11

2013-7

2   Alte Filme
Klaus Schlesinger

1 Kottes Tage sind ausgefüllt. Fünfmal in der Woche fährt er jeden Morgen um
sechs Uhr sechzehn mit der S-Bahn vom Alexanderplatz nach Schöneweide ins
Transformatorenwerk und verschwindet hinter einer Tür mit der Aufschrift
„Technische Konstruktion", setzt sich vor sein Reißbrett[1], das er erst, von den
5 Pausen abgesehen, gegen drei viertel vier wieder verlässt, steigt sechzehn Uhr
zwölf am Bahnhof Schöneweide in den Zug und ist dreiundvierzig Minuten später am Kindergarten, Alte Schönhauser, wiederum zehn Minuten später im
Laden an der Ecke und gegen halb sechs vor seiner Wohnungstür, in der rechten
Hand ein volles Einkaufsnetz, an der linken seine Tochter.

10 Kottes Tage sind ausgefüllt; seine Abende ebenfalls. Wenn Karla das Kind
ins Bett bringt, steht Kotte in der Werkstatt im Keller und hobelt Bretter glatt,
die er für eine Sitzbank in der Küche braucht. Die Schrankwand im Wohnzim-
mer hat Kotte auch gebaut und für die Kleine das Laufgitter; alles wie vom
Schreiner[2]. Nicht, dass Kotte sich neue Möbel nicht leisten könnte […], bewahre –
15 es macht ihm einfach Spaß, und es ist, sagt er, auch persönlicher, du weißt einfach, was du hast, sagt er, und nicht so'n Schund aus dem Laden.

Keine Stunde, die er im Keller verbringen kann, ist Kotte zu viel – nur wenn
es im Fernsehen einen alten Film gibt, lässt Kotte alles stehen und liegen. Beim
Fußball ebenfalls; da sitzt Kotte in seinem Sessel, Karla strickt, alles ist still im
20 Raum bis auf die Stimme des Kommentators und die Geräusche vom Feld. Kotte
starrt den unsichtbaren Linien nach, die der Ball auf der Mattscheibe zieht,
nimmt ab und zu einen Schluck aus der Pilsnerflasche und brüllt manchmal auf,
als wäre er tief getroffen. Da erschrickt Karla jedes Mal, sagt aber nichts, denn
sie weiß, Kotte kann ekelhaft werden, wenn er beim Fußball gestört wird. Über
25 Fußball geht nichts, sagt Kotte, höchstens noch alte Filme. […]

Das weiß die alte Frau Jeske natürlich auch; dafür sind die Wände einfach zu
dünn. Es ist blanker Unsinn, wenn die Leute sagen, nur im Neubau höre man den
Nachbarn husten. Kottes Haus ist mindestens siebzig, achtzig Jahre alt, aber Frau
Jeskes Husten ist ihm so gegenwärtig wie das Gebrabbel von Hans Moser[3].
30 Manchmal, besonders vor dem Einschlafen, glaubt er sogar, sie atmen zu hören.
Dann sagt er zu Karla, die neben ihm liegt: Horch mal! Sie halten die Luft an, es
ist ganz still im Zimmer, Kotte hört knackende Geräusche und ein dünnes, heise-
res Röcheln. Das Knacken kommt aus den Wänden, das Röcheln aber von Frau
Jeskes Atmen, das könnte er schwören!

35 – Hörst du denn nichts, fragt er Karla flüsternd.

– Du spinnst, antwortet Karla ebenso leise. Ich hör nichts! […]

Am nächsten Nachmittag packte Kotte Frau Jeske […] kurzerhand beim
Arm und lud sie für den Abend zum Fernsehen ein.

– Kommen Sie mal, sagte Kotte mit Nachdruck, wo Sie doch immer so
40 allein sind. Meine Frau und ich würden uns ehrlich freuen! [...] Kurz vor acht
klopfte es leise gegen die Tür.
      – Das wird die Alte sein, sagte Karla flüsternd.
      – Ach du meine Güte, sagte Kotte, der Frau Jeske schon wieder vergessen
hatte. Frau Jeske trat vorsichtig ins Zimmer. Sie trug, unter der unvermeidlichen
45 Stola, ein schwarzes Kleid mit weißem Kragen, das in langen Falten an ihrem
Körper herunterhing. In der Hand hielt sie einen kleinen Blumenstrauß, den sie
Karla hinstreckte.
      – Ach, wie reizend, sagte Karla und bot ihr einen Sessel an.
      – Sehen Sie sich aber nur nicht um. Mein Mann ist beim Renovieren.
50   – Es sieht doch noch alles so schön aus, sagte Frau Jeske und ließ sich vorsichtig auf einem Sessel nieder.
      – Das sage ich auch immer. Aber wenn mein Mann sich einmal was in den
Kopf gesetzt hat, sagte Karla nicht ohne Genugtuung, dann kann ihn keiner
davon abbringen, nicht wahr, G̶ü̶n̶t̶h̶e̶r̶?
55   Kotte antwortete nicht. Er holte sich eine Flasche Pilsner aus dem Kühlschrank, drückte auf den Schaltknopf des Fernsehapparates und setzte sich
schräg zu ihm auf einen Sessel. Karla nahm ihr Strickzeug, setzte sich ebenfalls
und fragte:
      – Darf ich Ihnen was anbieten, Frau Jeske?
60   Frau Jeske schüttelte den Kopf und versuchte, ein Husten zu unterdrücken.
      – Lassen Sie mal, sagte sie unter Mühen. Ich mache Ihnen schon genug
Ungelegenheiten.
      Karla wehrte ab, blieb aber sitzen und strickte.
      Ein Ansager erschien auf dem Fernsehschirm und kündigte den frühen Stumm-
65 film *Bordfest in San Remo* an, der im Rahmen einer Arnolt-C.-Rasch-Retro-
spektive[4] als erster von dreizehn Filmen gezeigt werden solle, und setzte zu einer –
wie er versicherte – kurzen Einführung an. Kotte war enttäuscht. Seine Vorliebe
für alte Filme bezog sich auf solche Werke, die gewöhnlich ohne kommentieren-
de Einführung liefen und zum Bereich der leichteren Unterhaltung gerechnet
70 werden, und auch dort bevorzugte Kotte eher Ton- als Stummfilme, wobei er
sich wiederum für solche mit Laurel und Hardy mehr begeistern konnte als für
die mit Chaplin oder Buster Keaton.
      Kotte nahm einen Schluck aus der Flasche und warf einen Seitenblick auf
Frau Jeske. Sie saß, klein und gebeugt, auf dem vorderen Rand des Sessels, hielt
75 ihre welken Hände artig auf dem Schoß gefaltet und blickte gebannt auf den
Bildschirm.
      Soweit Kotte feststellen konnte, handelte es sich bei dem Film um eine tra-
gisch angelegte Liebesgeschichte. Ein junger Mann mit Schnurrbart und steifem

Kragen liebt eine etwas ältere, aber bildschöne Frau, der ein eifersüchtiger Gatte
80 das Leben zur Qual macht. [...]

Kotte sah lange Einstellungen leerer, verlebter Gesichter von Männern und
Frauen, die in einer Bar saßen. Müdigkeit befiel ihn; er schloss die Augen, das
klimpernde Klavier schob sich weich zwischen ihn und seine Umgebung, rückte
ihn weg aus dem Raum, und erst Frau Jeskes hohe, fast schrille Stimme holte ihn
85 zurück.

– Jetzt, sagte sie, jetzt komme ich gleich! [...]

Aus: Schlesinger, Klaus: Alte Filme. Leipzig: Faber und Faber, 1997

1 Zeichenbrett
2 Tischler
3 österreichischer Schauspieler
4 Rückschau auf wichtige Filme eines Regisseurs

Lesekompetenz – Aufgaben zu Text 2 „Alte Filme"   Punkte

201 Notieren Sie Kottes Vornamen.   1

Günther

_____

202 Zu Beginn des Textes werden Tätigkeiten genannt, die Kotte fünfmal
in der Woche ausführt.
Ordnen Sie diese chronologisch und nummerieren Sie entsprechend.   2

Tätigkeiten	Nummer
a) steigt in Schöneweide in den Zug	3
b) sitzt vor seinem Zeichenbrett	2
c) geht einkaufen	5
d) fährt mit der S-Bahn ins Transformatorenwerk	1
e) ist gegen 17.30 Uhr zu Hause	6
f) holt seine Tochter vom Kindergarten ab	4

203 Im Text werden verschiedene Aussagen zu Kottes Fernsehgewohn-
heiten getroffen. Kreuzen Sie an.

3

	richtig	falsch
a) Er sieht am liebsten alte Filme.	☒	☐
b) Er wird nur ungern bei Fußballübertragungen gestört.	☒	☐
c) Er bevorzugt Filme der leichteren Unterhaltung.	☒	☐
d) Er sieht lieber Stumm- als Tonfilme.	☐	☒
e) Er kann sich am meisten für Filme mit Chaplin und Buster Keaton begeistern.	☐	☒

204 Notieren Sie zwei Gründe, warum Kotte seine Möbel selbst baut.

- _es ist persönliche_   1
- _es ist meist eine bessere Qualität als die im Laden_   1

205 Notieren Sie für die folgenden Aussagen über Frau Jeske jeweils
einen Beleg aus dem Text.

Blumenstrauß

Aussagen zu Frau Jeske	Textbeleg	
a) Sie ist höflich.	_Darf ich Ihnen etwas anbieten?_	1
b) Sie ist bescheiden.	_Schüttelt den Kopf_	1
c) Sie ist viel allein.	_so sie den immer so allein sind_	1

206 Im Text lädt Kotte Frau Jeske mit den Worten ein: „Meine Frau und
ich würden uns ehrlich freuen!" (Z. 40). Begründen Sie mit Hilfe des
Textes, ob diese Aussage von Herzen kommt.

Nein sie haben sie schon vergessen und nennen
sie abwertig Alk   1

207 Im weiteren Verlauf der Handlung, der hier nicht mehr abgedruckt
ist, wollen Kotte und Karla in eine andere Wohnung ziehen.
Erschließen Sie aus dem Text einen möglichen Grund, warum sie
mit der jetzigen Wohnung unzufrieden sind.

Ihr Haus ist sehr hellhörig   1

208 Begründen Sie, warum das Erzähltempus in Zeile 78 ff. wechselt.   2

Da das aktuelle Geschehen im Ersehen beschrieben wird

209 Kotte, Karla und Frau Jeske schauen den Film „Bordfest in San Remo". Notieren Sie,
    a) um welche Art von Film es sich handelt.
    b) weshalb die Handlung des Films als „tragisch angelegt" bezeichnet wird.

    a) *Stummfilm*   1

    b) *Es ist ein Liebsdrama*   1

210 Kotte zeigt sich gegenüber Frau Jeske als unaufmerksamer Gastgeber. Notieren Sie ein Beispiel aus dem Text, das diese Aussage belegt.   1

Z. 43

211 Frau Jeskes Stimmung verändert sich im Lauf des Abends. Notieren Sie
    a) die Textstelle, an der das deutlich wird.
    b) die Ursache dafür.

    a) *Jetzt sagte sie gar*   1

    b) *Sie fühlt sich unhöflich behandelt*   1

Lesekompetenz gesamt   20

Sprachwissen und Sprachbewusstsein – Aufgaben zu Text 2   Punkte

251 Im Text heißt es: „[…] in der rechten Hand ein volles Einkaufsnetz, an der linken seine Tochter."
Begründen Sie, weshalb „linken" kleingeschrieben werden muss.   1

linken Bezieht sich auf Hand (

252 Im Text wird die Redewendung „sich etwas in den Kopf setzen" verwendet. Erklären Sie, was damit gemeint ist.   1

Eine Idee nachgeben und an ihr zu behalten

253 Ergänzen Sie die noch fehlenden Satzzeichen der wörtlichen Rede.   1

> „Lassen Sie mal , sagte sie unter Mühen. Ich mache Ihnen schon genug Ungelegenheiten."

254 Im Text heißt es: „Er holte sich eine Flasche Pilsner aus dem Kühlschrank, drückte auf den Schaltknopf des Fernsehapparates und
setzte sich schräg zu ihm auf einen Sessel."
Welcher der folgenden Sätze entspricht dem Aussagegehalt des Bei-
spielsatzes?   1

a)	Bevor er sich eine Flasche Pilsner aus dem Kühl-schrank geholt hatte, drückte er auf den Schaltknopf des Fernsehapparates und setzte sich schräg zu ihm auf einen Sessel.	☐
b)	Ehe er sich eine Flasche Pilsner aus dem Kühl-schrank holte, drückte er auf den Schaltknopf des Fernsehapparates und setzte sich schräg zu ihm auf einen Sessel.	☐
c)	Nachdem er sich eine Flasche Pilsner aus dem Kühl-schrank geholt hatte, drückte er auf den Schaltknopf des Fernsehapparates und setzte sich schräg zu ihm auf einen Sessel.	☒
d)	Während er sich eine Flasche Pilsner aus dem Kühl-schrank holte, drückte er auf den Schaltknopf des Fernsehapparates und setzte sich schräg zu ihm auf einen Sessel.	☐

255 Im Text heißt es: Sie „hielt ihre welken Hände artig auf dem Schoß
gefaltet". Hier kann für „welk" synonym „alt" verwendet werden.
Erläutern Sie, warum.   2

alle Blumen verwelken dabei kommt welt für alt

256 In Zeile 16 steht „so'n". Notieren Sie die ausgeschriebene Form.   1

So ein

257 Notieren Sie, welches Wort das unterstrichene Partizip jeweils näher
beschreibt.
a) „Kotte hört knackende Geräusche." (Z. 32)
b) „Hörst du denn nichts, fragt er Karla flüsternd." (Z. 35)

a) _____   1

b) _____   1

258 Im Text steht: „Kottes Tage sind ausgefüllt; seine Abende ebenfalls."
(Z. 10). Der zweite Teil des Satzes ist eine Ellipse.
Notieren Sie dafür den vollständigen Satz.   1

_____

_____

259 Formen Sie den folgenden Satz so um, dass er keine Nominalisierung enthält: 1
„Mein Mann ist beim Renovieren."

_____

_____

260 Ersetzen Sie im folgenden Satz das umgangssprachliche Wort durch
ein standardsprachliches.   1
„Darf ich Ihnen was anbieten, Frau Jeske?"

_____

_____

261 Im Text heißt es: „… brüllt manchmal auf, als <u>wäre</u> er tief getroffen."
In welchem Modus steht die unterstrichene Verbform?   1

a) Indikativ	☐
b) Imperativ	☐
c) Konjunktiv I	☒
d) Konjunktiv II	☒

262 Bestimmen Sie im folgenden Satz den Kasus des unterstrichenen
Relativpronomens.   1
„In der Hand hielt sie einen kleinen Blumenstrauß, <u>den</u> sie Karla hin-
streckte."

_____

_____

Sprachwissen und Sprachbewusstsein gesamt   14

Von Frankfurt nach London: ein Preisvergleich

Aus: Frankfurter Allgemeine Sonntagszeitung, 24. 10. 2010, Nr. 42, S. 26

ddp images / Lennart Preiss

Der niedrigste Preis

Ryanair
Frankfurt-Hahn / London-Stansted

| 39,00 | 22,20 | **61,20** |

in Euro

Deutsche Bahn / Eurostar
über Brüssel

| 89,00 | **89,00** |

⬜ Grundpreis

⬛ Transfer (Flughafen – City)

British-Airways
Frankfurt / London City-Airport   8,30

| 92,00 | **100,30** |

British-Airways
Frankfurt / London Heathrow   8,30

| 138,00 | **146,30** |

PKW-Eurotunnel
Shuttle Eurotunnel

| 86,00 | 97,00 | **183,00** |

F.A.Z.-Grafik Niebel

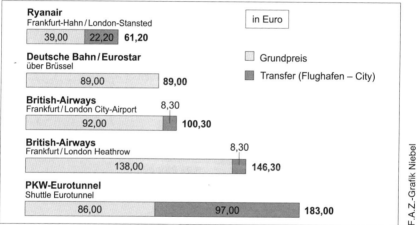

Luton (LTN)

Stansted (STN)

Waterloo Station ★

City Airport (LCY)

Heathrow (LHR)

LONDON

✈ Standort des jeweiligen Flughafens

(LGW) Gatwick ✈

F.A.Z.-Karte Levinger

Die schnellste Verbindung

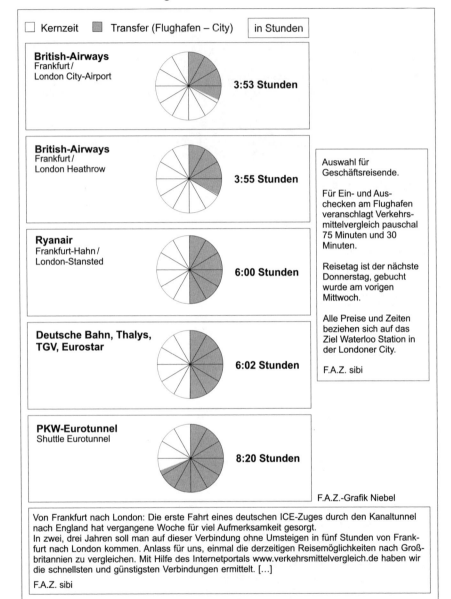

Kernzeit **Transfer (Flughafen – City)** in Stunden

British-Airways
Frankfurt /
London City-Airport
3:53 Stunden

British-Airways
Frankfurt /
London Heathrow
3:55 Stunden

Ryanair
Frankfurt-Hahn /
London-Stansted
6:00 Stunden

Deutsche Bahn, Thalys, TGV, Eurostar
6:02 Stunden

PKW-Eurotunnel
Shuttle Eurotunnel
8:20 Stunden

Auswahl für Geschäftsreisende.

Für Ein- und Aus-checken am Flughafen veranschlagt Verkehrs-mittelvergleich pauschal 75 Minuten und 30 Minuten.

Reisetag ist der nächste Donnerstag, gebucht wurde am vorigen Mittwoch.

Alle Preise und Zeiten beziehen sich auf das Ziel Waterloo Station in der Londoner City.

F.A.Z. sibi

F.A.Z.-Grafik Niebel

Von Frankfurt nach London: Die erste Fahrt eines deutschen ICE-Zuges durch den Kanaltunnel nach England hat vergangene Woche für viel Aufmerksamkeit gesorgt.
In zwei, drei Jahren soll man auf dieser Verbindung ohne Umsteigen in fünf Stunden von Frankfurt nach London kommen. Anlass für uns, einmal die derzeitigen Reisemöglichkeiten nach Großbritannien zu vergleichen. Mit Hilfe des Internetportals www.verkehrsmittelvergleich.de haben wir die schnellsten und günstigsten Verbindungen ermittelt. […]

F.A.Z. sibi

Lesekompetenz – Aufgaben zu den Grafiken „Von Frankfurt nach London: ein Preisvergleich"

Punkte

301 Notieren Sie, wann und wo die Grafiken veröffentlicht wurden.

in Jahr F.A.Z.

1

302 Notieren Sie den Wochentag der Buchung, an dem die Daten erhoben wurden.

Mittwoch

1

303 Notieren Sie die beiden Maßeinheiten, in denen die Angaben in den Grafiken aufgeführt werden.

Euro, Stunden

1

304 Bei welcher <u>Flugverbindung</u> entstehen die höchsten Transferkosten vom Flughafen zur City?

Ryan

1

305 Notieren Sie, welche drei Verkehrsmittel miteinander verglichen werden.

1

306 Auf welchen Zielort in London beziehen sich sämtliche Preisangaben und Zeiten?

1

307 Notieren Sie,
   a) wie viel Zeit ein ICE zukünftig benötigen wird, der von Frankfurt aus durch den Kanaltunnel nach England fährt, wenn man nicht umsteigen muss.
   b) in wie vielen Jahren dies möglich sein soll.

   a) _____

1

   b) _____

1

308 Die Grafiken informieren auch über Abkürzungen, die im internationalen Flugverkehr für die Londoner Flughäfen verwendet werden. Notieren Sie die Abkürzung für den Flughafen Gatwick.

1

309 Was stellen die Segmente / Teilstücke des Kreisdiagramms in der Grafik „Die schnellste Verbindung" dar?

1

Lesekompetenz gesamt   **10**

4 Schreibkompetenz – Überarbeiten eines Textes

Bei der folgenden Gebrauchsanweisung sind dem Verfasser einige Fehler unterlaufen, die noch verbessert werden müssen, bevor die Anleitung gedruckt wird. Korrigieren Sie nur den jeweiligen Rechtschreib-, Zeichensetzungs-, Grammatik- oder Ausdrucksfehler.

Punkte

481	Dieses Gerät dient zum kochen von rohen Eiern.	**R** _Kochen_	1
482	Beachten Sie alle Sicherheitshinweise damit Schäden durch nicht sachgemäßen Gebrauch vermieden werden.	**Z** (Korrigieren Sie direkt im Text.)	1
483	Das Gerät ist für den Privatgebrauch nur geeignet.	**G** (Satzbau) _nur für den ._	1
484	Verwenden Sie das Gerät ausschließlich für den vorgesehenen Zweck und nur inner Küche.	**A** _in der_	1
485	Kinder und Personen, die es an Erfahrung im Umgang mit dem Gerät mangelt, dürfen es nicht ohne Aufsicht verwenden.	**G** (Kasus) _der_	1
486	Das Gerät darf nicht als Spielzeug benuzt werden.	**R**	1
487	Halten Sie das Gerät von heissen Oberflächen fern.	**R**	1

488	Fassen Sie das Gerät nie mit nassen, oder mit feuchten Händen an!	**Z** (Korrigieren Sie direkt im Text.)	1
489	Platzieren Sie das Gerät so, das der Netzstecker jederzeit zugänglich ist.	**G** (Konjunktion)	1
490	Bitte nur Zubehör verwenden, wo mit diesem Gerät mitgeliefert wurde.	**G** (Lexik)	1

Schreibkompetenz gesamt **10**

Fast Food oder selbst kochen?

An Ihrer Schule wird im Rahmen eines Projektes über gesunde Ernährung diskutiert.

Die Zeitschrift „Der kleine Gourmet" ist sehr an Ihren Ergebnissen interessiert. Dies nehmen Sie zum Anlass, um einen Artikel zu verfassen, in dem Sie die Vorteile von selbst zubereitetem Essen und Fast Food gegeneinander abwägen.

Lesen Sie zunächst folgende Meinungsäußerungen, die teilweise umgangssprachlich sind.

Meinungsäußerungen:

> Ehe ich ewig am Herd stehe, nehme ich lieber die Fertigpizza.

> Wenn ich selber koche, kann ich entscheiden, wie das Essen schmecken soll.

> Fast Food ist doch viel zu teuer, das kann ich mir gar nicht jeden Tag leisten.

> Kochen? Kann ich gar nicht. Soll ich etwa verhungern?

> Ich gehe immer mit meinen Freunden Burger essen. Das macht doch mehr Spaß, als alleine zuhause zu sitzen.

> Ich kaufe mir die Zutaten lieber frisch. Das ist doch viel gesünder.

Aufgabe:

Vervollständigen Sie den nachfolgenden Schreibplan in Form eines Gliederungsrasters. Gehen Sie dabei wie folgt vor:

a) Leiten Sie aus den vorgegebenen Meinungsäußerungen jeweils zwei Argumente ab, die für Fast Food bzw. für selbst zubereitetes Essen sprechen. Formulieren Sie diese **in Standardsprache**.
Achtung: Die Meinungsäußerungen dürfen nicht wörtlich übernommen werden.

b) Stützen Sie die Argumente mit jeweils einem Beleg oder Beispiel. Sie müssen dabei auch auf Ihr Alltagswissen und eigene Erfahrungen zurückgreifen.

c) Ergänzen Sie stichwortartig Ihre Überlegungen für Einleitung und Schluss des Artikels, wobei der Schluss Ihre persönliche Meinung widerspiegeln soll.

Gliederungsraster:

	1. Einleitung	
581	Schreibanlass	*Fast Food ist sehr unkompliziert und schnell*
	Hinführung zum Thema	*Schüler unserer Schule diskutieren im Rahmen eines Projekts für gesunde Ernährung über die Vor- und Nachteile von Fastfood.*
	2. Hauptteil	
	These 1	Fast Food ist zu Recht bei vielen Menschen sehr beliebt.
582	1. Argument	• *Viele Menschen können gar nicht kochen.*
583	Beleg/Beispiel	• *Fast Food wird einem in kurzer Zeit fertig zum Essen verkauft*

3

1

1

584	2. Argument	• Gemeinsam Burger essen gehn macht mehr spaß als alleine zu Hzohause zu sben.	1
585	Beleg/Beispiel	• Beim Gemeinsamen Essen kann man reden	1
	These 2	Selbst zubereitetes Essen ist immer die bessere Alternative.	
586	1. Argument	• Ho Fast Food ist viel zu teur für jeen Tag	1
587	Beleg/Beispiel	• Ein kleine Burger kostet schon 2€	1
588	2. Argument	• Frischer ist Gesund	1
589	Beleg/Beispiel	• Es ist nachgewise, das Fast Food gesundheitschädlich ist.	1
3. Schluss			
590	Zusammenfassung des Hauptteils/Fazit	Ab und zu ok. Alles in Allen Gemeinsam Frisch kahen	2
591	eigene Positionierung mit Begründung	Ich halte Frisch für besse du es besse schneckt und günstige it	2

6 Schreibkompetenz – Umsetzung des Schreibplans: Verfassen eines Artikels für die Zeitschrift „Der kleine Gourmet"

Aufgabe:
Verfassen Sie diesen Artikel.

Fast Food oder selbst kochen?

Lösungsvorschläge

1 Von Bombay nach Bayernwood *(Jenny Hoch)*

Lesekompetenz – Aufgaben zu Text 1 „Von Bombay nach Bayernwood"

101 a)   Die indische Filmwirtschaft ist die größte der Welt.
    b)   Sie bringt 1 000 Filme pro Jahr heraus.

  Hinweis: Du findest die Antwort in Z. 30 f.

102   Vor malerischen Kulissen, am liebsten vor alpenländischen Gipfeln, Bergseen und Blumenwiesen

  Hinweis: Du findest die Antwort in Z. 19 f.

103   • Die Region wird dadurch auf einem der weltgrößten Märkte der Zukunft bekannt.
    • Die reiche indische Mittel- und Oberschicht reist gerne auf den Spuren ihrer Filmhelden durch die Welt.

  Hinweis: Du findest die Antworten in Z. 36–40.

104

		richtig	falsch
a)	Er war ein Wegbereiter des Bollywood-Kinos.	☒	☐
b)	Er gründete die Produktionsfirma Bavaria.	☐	☒
c)	Er war mit Ludwig Ganghofer befreundet.	☐	☒
d)	Er produzierte den Film „Nur dein Herz kennt die Wahrheit".	☐	☒
e)	Er hat seine Karriere als Tontechniker begonnen.	☐	☒

  Hinweis: Du findest die richtigen Antworten im Text: a) Z. 59. b) Z. 70–72: Er gründete „Emelka", aus der später die Bavaria hervorging. c) Z. 77–79: Er verfilmte dessen Heimatromane. d) Kein Hinweis im Text. e) Kein Hinweis im Text.

105   • gefällige Dramaturgie
    • befriedigt die Sehnsucht nach geordneten Verhältnissen

  Hinweis: Du findest mögliche Antworten in Z. 79 und 83.

106 a) in Stuttgart
  b) jährlich

Hinweis: Du findest die Antworten in Z. 52 und 51.

107 a) Früher wurden sie im Kaschmir-Gebirge gedreht.
  b) Dieses Gebiet wurde durch politische Unruhen immer unsicherer.

Hinweis: Du findest die Antworten in Z. 21 und 22.

108 Sie macht darauf aufmerksam, dass bisher kaum indische Filmteams nach Deutschland gekommen sind.

Hinweis: Du findest die Antwort in Z. 44 f.

109 Als RTL2 den ersten von 12 Bollywoodfilmen zeigte, sahen 2,33 Millionen Deutsche zu.

Hinweis: Du findest die Antwort in Z. 84–86.

110 Es geht im Text um Filme, die in Indien spielen, aber nicht dort gedreht werden. In Deutschland wünscht man sich, dass sie in Bayern gedreht werden, damit Bayern ein zweites Bollywood werden kann.

Hinweis: Du musst deutlich machen, dass Bayern als Kulisse für indische Filmproduktionen gewonnen werden soll. Bayern soll so wichtig wie Bollywood werden.

111 a) Die zahlungskräftige indische Mittel- und Oberschicht.
  b) Sie reisen auf den Spuren ihrer Filmhelden um die Welt.

Hinweis: Du findest die Antworten in Z. 38–40.

112 Indien hat mehr als eine Milliarde Einwohner und ist nach China der zweitbevölkerungsreichste Staat der Erde.

Hinweis: Du findest die Antwort in Z. 37 f.

113

a)	Produktion von Filmen	☐
b)	Kommerz	☒
c)	interkultureller Austausch	☐
d)	Kunst	☐

Hinweis: Du findest die Antwort in Z. 52 f. Es geht vor allem um Kommerz (b), weniger um Kunst und interkulturellen Austausch.

151		
	a) seine Werke in einem Restaurant schreibt.	☐
	b) über Restaurants schreibt.	☐
	c) Themen aus einer bestimmten Region verarbeitet.	☒
	d) nebenbei als Wirt arbeitet.	☐

✎ *Hinweis: Der Begriff „lokal" wird im Duden erklärt mit: „örtlich" und „örtlich beschränkt". Es geht nicht um Restaurants.*

152 Die Vorsilbe „Ko-" bedeutet „in Zusammenarbeit mit" oder „gemeinsam".

✎ *Hinweis: In Z. 76 geht es um „deutsch-indische Koproduktionen", also um Produktionen, bei denen Deutschland und Indien zusammenarbeiten. Im Duden wird der Begriff „Koproduktion" mit „Gemeinschaftsherstellung" erklärt. Überlege, welche Begriffe mit der Vorsilbe dir noch einfallen: Koexistenz, Kooperation. Es geht darum, etwas gemeinsam zu tun.*

153 Notieren Sie stichpunktartig die Regeln für die Kommasetzung in den folgenden Sätzen.

153	Kommaregel
Auf der Suche nach <u>neuen</u>, <u>unverbrauchten Schauplätzen</u> hat die indische Filmindustrie die Tiroler Alpen entdeckt.	Aufzählung
Und in Österreich tut man alles, <u>um</u> den finanzkräftigen Produzenten die Arbeit so angenehm wie möglich <u>zu machen</u>.	Erweiterter Infinitiv mit „zu"
<u>Als</u> dieses Gebiet durch politische Unruhen immer unsicherer <u>wurde</u>, <u>fanden</u> die Produzenten in der Schweiz perfekte Ersatzkulissen.	Nebensatz, Hauptsatz

✎ *Hinweis: a) Die Schauplätze sind neu und unverbraucht. b) Beim Nebensatz handelt es sich um einen erweiterten Infinitiv mit „zu". Du erkennst ihn an dem „zu" vor dem Verb und der Einleitung „um". c) Hauptsatz und Nebensatz werden durch Komma voneinander getrennt. Beim Hauptsatz steht das finite Verb an zweiter Stelle (hier ist der Nebensatz die erste Stelle), beim Nebensatz an letzter Stelle. Außerdem wird der Nebensatz mit einer Konjunktion (als) eingeleitet.*

154 a) Bisher ist kaum ein Team nach Deutschland gekommen.

b) Bisher hat sich kaum ein Team in Deutschland verlaufen.

✎ Hinweis: Die Präposition „auf" wird sowohl bei den Fragen „Wohin?" (a) als auch „Wo?" (b) verwendet. Frage nach dem Satzglied „auf deutschen/deutschem Boden". (a) Wohin verirrt sich bisher kaum ein Team? Die Präposition verlangt danach den 4. Fall (Akkusativ). Hier geht es um die Reise nach Deutschland. (b) Wo verirrt sich bisher kein Team? Die Präposition verlangt danach den 3. Fall (Dativ). Hier geht es um das Verirren bzw. um das Laufen in die falsche Richtung.

155 Durch Osten wurden technische und dramaturgische Maßstäbe gesetzt.

✎ Hinweis: Du bildest das Passiv mit dem Präteritum des Hilfsverbs „werden" und dem Partizip II des Verbs „setzen".

156 Die Bollywoodfilme werden als „Rührstücke" bezeichnet, weil sie sich mit Liebe und Sehnsucht beschäftigen und besonders diese Gefühle ansprechen.

✎ Hinweis: Der Begriff „Rührstück" bezieht sich auf „berührt sein", also sich emotional betroffen fühlen. Ein „Rührstück" weckt beim Zuschauer Gefühle bzw. Emotionen.

157 Mittlerweile kennt fast jedes Kind Bilder der Schweizer Berglandschaft.

✎ Hinweis: Achte darauf, die Satzaussage nicht zu verändern.

158 Kreuzen Sie an, ob es sich bei den folgenden Wörtern um eine Wortzusammensetzung (ein Kompositum) oder um eine Ableitung handelt.

153

		Wortzusammensetzung	Ableitung
a)	Filmindustrie	☒	☐
b)	verbuchen	☐	☒
c)	jährlich	☐	☒
d)	süddeutsch	☒	☐
e)	Siegeszug	☒	☐
f)	denkbar	☐	☒

✎ Hinweis: a) Film + Industrie. b) Von „Buch". c) Von „Jahr". d) Süden + deutsch. e) Sieg + Zug. f) Von „denken".

2 **Alte Filme** *(Klaus Schlesinger)*

Lesekompetenz – Aufgaben zu Text 2 „Alte Filme"

201 Günther

    ✦ Hinweis: Die Antwort findest du in Z. 54.

202

Tätigkeiten	Nummer
a) steigt in Schöneweide in den Zug	3
b) sitzt vor seinem Zeichenbrett	2
c) geht einkaufen	5
d) fährt mit der S-Bahn ins Transformatorenwerk	1
e) ist gegen 17.30 Uhr zu Hause	6
f) holt seine Tochter vom Kindergarten ab	4

    ✦ Hinweis: Du findest die Lösung in folgenden Zeilen: a) Z. 6. b) Z. 4. c) Z. 8. d) Z. 2 f. e) Z. 8. f) Z. 7.

203

	richtig	falsch
a) Er sieht am liebsten alte Filme.	☒	☐
b) Er wird nur ungern bei Fußballübertragungen gestört.	☒	☐
c) Er bevorzugt Filme der leichteren Unterhaltung.	☒	☐
d) Er sieht lieber Stumm- als Tonfilme.	☐	☒
e) Er kann sich am meisten für Filme mit Chaplin und Buster Keaton begeistern.	☐	☒

    ✦ Hinweis: a) Z. 18, 25 und 67 f. b) Z. 24. c) Z. 69. d) In Z. 70 steht, dass er Tonfilme bevorzugt. e) In Z. 71 f. steht, dass er Filme mit Laurel und Hardy bevorzugt.

204 • es macht ihm Spaß
     • es ist persönlicher

    ✦ Hinweis: Du findest mögliche Antworten in Z. 13 f. (alles wie vom Schreiner), Z. 15.

Aussagen zu Frau Jeske	Textbeleg
a) Sie ist höflich.	„In der Hand hielt sie einen kleinen Blumenstrauß …"
b) Sie ist bescheiden.	„Lassen Sie mal, … ich mache Ihnen schon genug Ungelegenheiten."
c) Sie ist viel allein.	„… wo sie doch immer so allein sind."

205

Hinweis: Passende Textstellen findest du z. B. in Z. 46 (für a), Z. 61 f. (für b) und Z. 39 f. (für c).

206 Nein, denn Frau Jeske wird als „Alte" bezeichnet und Kotte hatte ihren Besuch schon vergessen.

Hinweis: Es gibt mehrere Textstellen, die zeigen, dass die Einladung nicht von Herzen kommt, z. B. Z. 42: „die Alte", Z. 43 f.: „Ach du meine Güte, sagte Kotte, der Frau Jeske schon wieder vergessen hatte."

207 Die Wände sind einfach zu dünn.

Hinweis: Zwischen Z. 26 f. und Z. 28 findest du mehrere Antwortmöglichkeiten, z. B. dünne Wände, das Haus ist zu alt, die Nähe zu Frau Jeske.

208 Der Inhalt des gerade gezeigten Films wird angegeben.

Hinweis: In Z. 77–80 wird kurz der Inhalt des Filmes erzählt, den sie gerade sehen.

209 a) Stummfilm/Liebesfilm
     b) verhängnisvolle Beziehung zwischen 3 Personen

Hinweis: a) In Z. 78 wird der Film als „Liebesgeschichte" bezeichnet. In Z. 64 f. wird er als „Stummfilm" angekündigt. Eine der beiden Antworten reicht. b) Die Antwort findest du in Z. 78–80.

210 Kotte antwortete nicht.

Hinweis: Du findest mehrere Antwortmöglichkeiten, z. B. Z. 55 f.: „Kotte antwortete nicht. Er holte sich eine Flasche Pilsner aus dem Kühlschrank …" oder Z. 82 f.: „Müdigkeit befiehl ihn; er schloss die Augen …"

211 a) „Frau Jeskes hohe, fast schrille Stimme …"
     b) Sie tritt im Film auf.

Hinweis: Frau Jeske wird erst als leise und zurückhaltend beschrieben, sie versucht sogar ihren Husten zu unterdrücken. In Z. 84 f. wird sie plötzlich anders beschrieben. Mit ihrer Bemerkung „Jetzt komme ich gleich!" kündigt sie ihren Auftritt in dem alten Film an.

Sprachwissen und Sprachbewusstsein – Aufgaben zu Text 2

251   Es bezieht sich auf die „Hand" im vorangehenden Teilsatz.

    Hinweis: In der Wortgruppe „in der linken (Hand)" wird „linken" klein-geschrieben, da es sich um eine Beifügung (Attribut) zum vorangehenden Substantiv „Hand" handelt.

252   Damit ist gemeint: sich etwas fest vornehmen.

    Hinweis: Falls du die Redewendung nicht aus deinem Alltagswissen erklären kannst, findest du in Z. 52–54 den Hinweis, dass man Kotte nicht mehr von etwas Bestimmtem abbringen kann: Sein Entschluss steht fest.

253   „Lassen Sie mal", sagte sie unter Mühen. „Ich mache Ihnen schon genug Ungelegenheiten."

    Hinweis: Der Beginn und das Ende der wörtlichen Rede werden durch Anführungszeichen unten und oben gekennzeichnet. Eine anschließende Redeeinleitung wird durch ein Komma von der wörtlichen Rede abgegrenzt.

254

a)	Bevor er sich eine Flasche Pilsner aus dem Kühlschrank geholt hatte, drückte er auf den Schaltknopf des Fernsehapparates und setzte sich schräg zu ihm auf einen Sessel.	☐
b)	Ehe er sich eine Flasche Pilsner aus dem Kühlschrank holte, drückte er auf den Schaltknopf des Fernsehapparates und setzte sich schräg zu ihm auf einen Sessel.	☐
c)	Nachdem er sich eine Flasche Pilsner aus dem Kühlschrank geholt hatte, drückte er auf den Schaltknopf des Fernsehapparates und setzte sich schräg zu ihm auf einen Sessel.	☒
d)	Während er sich eine Flasche Pilsner aus dem Kühlschrank holte, drückte er auf den Schaltknopf des Fernsehapparates und setzte sich schräg zu ihm auf einen Sessel.	☐

    Hinweis: In den Lösungsvorschlägen a), b) und d) stimmt die Abfolge der Tätigkeiten nicht.

255   Wenn eine Blume verwelkt, wird sie alt. Frau Jeske ist alt, ihre Haut sieht faltig und alt aus.

    Hinweis: Du musst den Zusammenhang zwischen „welk" und „alt" her-stellen. Eine alte, verblühte Blume wird als „welk" bezeichnet, sie hat keine Spannkraft mehr, lässt vielleicht die Blätter/Blüte hängen. Ähnlich wirkt auch die Haut von alten Menschen.

256 so ein

    ✏ *Hinweis: Lies die komplette Wortgruppe: so'n Schund. Dadurch kannst du leichter erkennen, welche ausgeschriebene Form vorliegt.*

257 a) Geräusche
    b) fragt

    ✏ *Hinweis: a) Das Partizip „knackende" bezieht sich auf das Nomen/Substantiv „Geräusche". Es erklärt näher, wie sich das Geräusch anhört. Du erkennst ihre Zusammengehörigkeit auch daran, dass beide im Plural stehen. b) Das Partizip „flüsternd" bezieht sich auf das Verb „fragt". Es erklärt näher, wie das Subjekt fragt, also wie es sich anhört.*

258 Seine Abende sind (ebenfalls) ausgefüllt.

    ✏ *Hinweis: In einem elliptischen Satz wird ein Wort/mehrere Wörter weggelassen. Hier fehlt „sind ausgefüllt".*

259 „Mein Mann renoviert gerade."

    ✏ *Hinweis: Durch die Nominalisierung wird deutlich, dass der Mann die Wohnung in diesem Moment renoviert. Das muss bei der Umformung deutlich werden: daher „gerade", „momentan" o. ä. ergänzen.*

260 etwas

    ✏ *Hinweis: „was" ist eine Verkürzung von „etwas".*

261

a)	Indikativ	☐
b)	Imperativ	☐
c)	Konjunktiv I	☐
d)	Konjunktiv II	☒

    ✏ *Hinweis: Der Konjunktiv II kennzeichnet etwas, das man sich nur vorstellt und das nicht real ist. Lies die entsprechende Textstelle (Z. 20–23). Kotte fiebert beim Fußballspiel mit.*

262 Akkusativ

    ✏ *Hinweis: Den Kasus bestimmst du mit der Frage „Wen oder was streckte sie Karla hin?" Antwort: den (kleinen Blumenstrauß). Es handelt sich also um den 4. Fall/Akkusativ.*

3 Von Frankfurt nach London: ein Preisvergleich

Lesekompetenz – Aufgaben zu den Grafiken „Von Frankfurt nach London: ein Preisvergleich"

301 Frankfurter Allgemeine Sonntagszeitung vom 24. 10. 2010

Hinweis: Du findest die richtige Antwort in der Unterüberschrift, direkt neben der Aufgabennummer 3. Achte darauf, die Zeitung und das Datum zu nennen. Die zusätzlichen Hinweise rechts neben bzw. in den Grafiken sind für die Angabe, wann und wo die Darstellungen veröffentlicht wurden, nicht wichtig.

302 Mittwoch

Hinweis: In der Grafik „Die schnellste Verbindung" gibt es auf der rechten Seite einen Kasten „Auswahl für Geschäftsreisende". Ungefähr in der Mitte steht, dass die Buchung am Mittwoch vorgenommen wurde.

303 Euro, Stunden

Hinweis: In der Grafik „Der niedrigste Preis" steht im oberen Bereich, dass sich die Angaben auf die Maßeinheit „Euro" beziehen. Bei der Grafik „Die schnellste Verbindung" steht oben, dass die Maßeinheit „Stunden" sind.

304 mit Ryanair von Frankfurt-Hahn nach London-Stansted

Hinweis: Sieh dir die Grafik „Der niedrigste Preis" an. Gefragt wird nach den Transferkosten, also dem dunkel markierten Teil der Balken, aber **nur** bei den **Flugverbindungen**. Also vergleichst du den ersten, dritten und vierten Balken von oben. Der oberste Balken zeigt die höchsten Transferkosten. Es reicht, wenn du die Fluggesellschaft (Ryanair) **oder** die Verbindungsorte (Frankfurt-Hahn/London Stansted) notierst. Der Preis ist nicht gefragt.

305 Flugzeug, Bahn, Pkw

Hinweis: Du findest die Antwort in der Grafik „Der niedrigste Preis". Über jedem Balken steht dick gedruckt, auf welches Verkehrsmittel sich die Angaben beziehen.

306 Waterloo Station

Hinweis: In der Grafik „Die schnellste Verbindung" gibt es auf der rechten Seite einen Kasten „Auswahl für Geschäftsreisende". Dort steht in *der vorletzten Zeile, dass sich alle Angaben auf das Ziel Waterloo Station beziehen.*

307 a)   in fünf Stunden
    b)   in zwei bis drei Jahren

   Hinweis: In der Grafik „Die schnellste Verbindung" gibt es unten einen Kasten, in dem über die erste Fahrt eines ICE durch den Kanaltunnel berichtet wird. Dort findest du die Angaben, wie lange es zukünftig dauern wird (3. Zeile) und wann es so weit ist (2. Zeile).

308 LGW

   Hinweis: Die Antwort findest du in der Grafik „Standort des jeweiligen Flughafens". Der Flughafen Gatwick befindet sich auf der Karte unten, in der Klammer steht die Abkürzung.

309 Stunden

   Hinweis: Im Kopf der Grafik steht, dass hier die Maßeinheit „Stunden" angegeben wird. Hinter den Kreisdiagrammen findet sich auch die Maßeinheit. Liest du z. B. den mittleren Kreis ab, so markieren sechs dunkle Kreissegmente sechs Stunden.

481

Dieses Gerät dlent zum ~~kochen~~ von rohen Eiern.

R:
Kochen

482

Beachten Sie alle Sicherheitshin-weise, damit Schäden durch nicht sachgemäßen Gebrauch vermieden werden.

Z:
Korrigieren Sie direkt im Text.

483

Das Gerät <u>ist für den Privatgebrauch nur</u> geeignet.

G (Satzbau):
ist nur für den Privat...

484

Verwenden Sie das Gerät aus-schließlich für den vorgesehenen Zweck und nur ~~inner~~ Küche.

A:
in der

485

Kinder und Personen, ~~die~~ es an Erfahrung im Umgang mit dem Gerät mangelt, dürfen es nicht ohne Aufsicht verwenden.

G (Kasus):
denen

486

Das Gerät darf nicht als Spielzeug ~~benuzt~~ werden.

R:
benutzt

487

Halten Sie das Gerät von ~~heissen~~ Oberflächen fern.

R:
heißen

488

Fassen Sie das Gerät nie mit nas-sen, oder mit feuchten Händen an!

Z: *Korrigieren Sie direkt im Text.*

489

Platzieren Sie das Gerät so, ~~das~~ der Netzstecker jederzeit zugänglich ist.

G (Konjunktion):
dass

490

Bitte nur Zubehör verwenden, ~~wo~~ mit diesem Gerät mitgeliefert wurde.

G (Lexik):
welches/das

Hinweis:
481) *Nominalisierung.*
482) *Hauptsatz, Nebensatz.*
483) *Die Lösung könnte auch „… ist nur geeignet für den Privatgebrauch."*
heißen.
484) *„In der" wird nicht zu „inner" zusammengezogen.*
485) *Hier ist das Demonstrativpronomen im falschen Kasus. Wem mangelt*
es an Erfahrungen? 3. Fall Dativ, Plural: denen oder welchen.
486) *benutzen = benutzt.*
487) *heißen = hei – ßen: Diphthong ei + ß; Strategie: Wort schwingen/in*
Silben zerlegen und Vokallänge bestimmen.
488) *„Oder" ist eine nebenordnende Konjunktion. Es wird kein Komma*
gesetzt.
489) *Nach dem Hauptsatz leitet die Konjunktion „dass" den Nebensatz ein.*
490) *Der Nebensatz ist ein Relativsatz und muss mit „welches" oder „das"*
eingeleitet werden.

5 Schreibkompetenz – Erstellen eines Schreibplans

Hinweis: Thema der Erörterung ist die Fragestellung „Was ist besser: Fast Food oder selber kochen?" Um dich zu inspirieren, sind schon sechs mögliche Meinungen notiert. Es erleichtert dir die Weiterarbeit, wenn du sie verschieden markierst, z. B. die drei Sprechblasen für Fast Food in rot, die drei anderen in grün. In Aufgabe a) sollst du jeweils zwei Pro- und zwei Kontra-Argumente nennen. Die Aufgabenstellung gibt dir vor, dass du sie „formulieren" sollst. Das bedeutet, sie in Sätzen zu schreiben. Aber schreibe sie nicht einfach ab, sondern verändere die vorgeschlagenen Argumente bzw. finde eigene. Überlege dir vorher, für welches Argument dir ein guter Beleg einfällt. Diesen schreibst du in der unten stehenden Tabelle direkt unter das Argument (Aufgabe b). Dafür brauchst du dein Alltagswissen. Frage dich dazu, was die Aussage bedeutet, z. B. wie viel Zeit jemand für frisch zubereitetes Essen verwendet bzw. warum Fast Food einen schlechten Ruf hat. Es wird auch als Junk Food, also als minderwertiges Essen, bezeichnet. In c) wird von dir erwartet, dass du eine Einleitung bzw. einen Schluss schreibst. Hier reichen Stichpunkte. Überlege dir für die Einleitung, bei welchem Anlass über das Thema besonders intensiv diskutiert wird. Für den Schluss musst du ein Fazit finden und deine eigene Position begründen. Diese Stichpunkte kannst du in der folgenden Aufgabe als Schreibgrundlage verwenden und sie dort ausformulieren.

		1. Einleitung
581	Schreibanlass	• In den Medien beschäftigen sich viele Artikel/ Beiträge mit den Vor- und Nachteilen von Fast Food.
	Hinführung zum Thema	• Ursache: Fast Food Restaurants bestimmen unser Stadtbild, es gibt sie überall und sie sind immer gut besucht.
		• Problem: Ernährungsberater, Köche, aber auch Mütter und Lehrer warnen vor ständigem Besuch von Fast Food-Restaurant
		2. Hauptteil
	These 1	Fast Food ist zu Recht bei vielen Menschen sehr beliebt.
582	1. Argument	• Viele Menschen haben zu wenig Zeit, selbst zu kochen.
583	Beleg / Beispiel	• Nach einem ganzen Tag in der Schule oder in der Arbeit machen sie noch Sport oder Hausaufgaben. Da schaffen sie es nicht einzukaufen, Gemüse zu putzen, Kartoffeln zu schälen oder ewig am Herd zu stehen und zu rühren. Sie müssen den ganzen Tag arbeiten und wollen abends nicht noch in der Küche stehen.
584	2. Argument	• Einige geben offen zu, dass sie gar nicht kochen können.
585	Beleg / Beispiel	• Tagsüber essen die Kinder in der Kita oder Schule, Erwachsene in der Kantine und abends gibt es belegte Brote. Wer mehr möchte, kann sich etwas aus dem Tiefkühlschrank warm machen. Wie man Essen zubereitet, wird in Familien gar nicht mehr gelernt.
	These 2	Selbst zubereitetes Essen ist immer die bessere Alternative.

586	1. Argument	• Selbst gekochtes Essen ist auf jeden Fall gesünder.
587	Beleg/Beispiel	• Man kann Gemüse, Fleisch und Fisch frisch kaufen und zubereiten. Das Essen muss nicht mit Zusatzstoffen versetzt werden, damit es länger hält und sich optisch und geschmacklich nicht verändert. Denn viele Zusatzstoffe sind zwar erlaubt, aber nicht wirklich gesund. Außerdem sind in frischem Essen mehr Mineralien und Vitamine.
588	2. Argument	• Es ist billiger, selbst zu kochen, als Fast Food zu sich zu nehmen.
589	Beleg/Beispiel	• Einerseits kann man beim Einkauf darauf achten, preiswerte oder saisonale Produkte zu kaufen. Andererseits bezahlt man beim Fast Food die gesamten Entstehungskosten mit: z. B. die Erfindung und Herstellung des Produkts inkl. Energie sowie die Kosten für Lagerung.
	3. Schluss	
590	Zusammenfassung des Hauptteils/Fazit	• Fazit: Fast Food ist schneller zubereitet, aber dem Körper fehlen auf die Dauer die Vitamine und teurer ist es auch.
	eigene Positionierung mit Begründung	• Ich bevorzuge frisch gekochtes Essen, denn das schmeckt so, wie ich es will, ist abwechslungsreicher und außerdem macht es Spaß, gemeinsam zu kochen.

6 Schreibkompetenz – Umsetzung des Schreibplans:
Verfassen eines Artikels für die Zeitung „Der kleine Gourmet"

✐ *Hinweis: Auf Grundlage der Tabelle in der vorangehenden Aufgabe schreibst du einen Artikel für die Zeitschrift „Der kleine Gourmet". Eine Zeitschrift mit diesem Namen steht wahrscheinlich für das selbst gekochte, frisch zubereitete Essen, trotzdem ist bei deinem Text auch die andere Positionierung (also pro Fast Food) möglich.*
Aufbau: Achte bei deiner Argumentation darauf, dass du dich an den Schreibplan (Aufgabenstellung 5) hältst. Er dient als Gliederung. Beginne mit der Ausformulierung der Einleitungsidee. Du kannst dich auch auf den zu vermutenden Inhalt der Zeitschrift „Der kleine Gourmet" beziehen. Für den Hauptteil kannst

du die Argumente und Belege übernehmen. Achte darauf, dass du sie miteinander verknüpfst, statt sie nur aneinanderzureihen. Verwende dafür passende Konjunktionen und Überleitungen. Deine Meinung im Schlussteil muss klar erkennbar sein. Formuliere diese ausführlich, nachdem du die einzelnen Argumente/ Gegenargumente erläutert hast. Verwende die Standardsprache und halte dich an die Regeln der Rechtschreibung und Grammatik.

Fast Food oder selbst kochen?

In unserer Zeitschrift „Der kleine Gourmet" beschäftigen wir uns ausgiebig mit leckerem Essen. Aber warum bestimmen Fast-Food-Ketten unser Stadtbild und weshalb werden diese Läden so gut besucht? Aus welchem Grund verhallen die gut gemeinten Ratschläge und Empfehlungen von Köchen, Ernährungsberatern, aber auch Müttern und Lehrern bei Fast Food-Liebhabern ungehört? In diesem Artikel werden die Argumente beider Seiten näher beleuchtet.

Einleitung: Schreibanlass / Hinführung zum Thema

Fragestellung

Genießer von Fast Food behaupten, dass diese Form der Ernährung zu Recht bei vielen Menschen sehr beliebt ist. Eine häufig genannte Ursache dafür ist, dass die Menschen zu wenig Zeit zum Kochen haben. Nach einem ganzen Tag in der Schule oder in die Arbeit gehen sie noch zum Sport oder kümmern sich um die Familie; Schüler sitzen lange an ihren Hausaufgaben. Da schaffen sie es leider nicht, einzukaufen, Gemüse zu putzen, Kartoffeln zu schälen oder ewig am Herd zu stehen und zu rühren. Sie empfinden es als zu anstrengend, nach einem vollen Arbeitstag noch in der Küche zu stehen und dort weiterzuarbeiten. Aus diesem Grund essen sie schnell bei einer Fast Food-Kette.

Hauptteil: **These**

1. Argument
Beleg / Beispiel

Viele Fans von Fast Food argumentieren außerdem damit, dass sie selbst gar nicht kochen können. Die Herstellung von Mahlzeiten wird in unserer Gesellschaft ausgelagert. Kinder essen tagsüber in der Kita oder in der Schule eine warme Mahlzeit und abends gibt es dann belegte Brote. Wer mehr möchte, kann sich etwas aus dem Tiefkühlschrank warm machen, oft sind das dann Pizza oder Pommes Frites. Die Kultur des Kochens und der Zubereitung von Nahrungsmitteln wird in vielen Familien nicht mehr weitergegeben. Unterstützt werden die Menschen dabei von der Lebensmittelindustrie.

2. Argument
Beleg / Beispiel

Dabei ist doch selbst zubereitetes Essen immer die bessere **Gegenthese**
Alternative:

Es ist auf jeden Fall gesünder. Denn man kann Gemüse, 1. Argument
Fleisch und Fisch frisch kaufen und anschließend zuberei- Beleg / Beispiel
ten. Das Essen muss nicht mit Zusatzstoffen versetzt werden,
damit es länger hält und sich optisch und geschmacklich
nicht verändert – viele Zusatzstoffe in Fast Food sind zwar
erlaubt, aber nicht wirklich gesund. Außerdem sind in fri-
schem Essen mehr Mineralien und Vitamine, die der Körper braucht. Vor allem aber schmeckt und duftet es besser.

Wer auf den Geldbeutel achtet, ist ebenfalls besser damit 1. Argument
beraten, selbst zu kochen. Denn einerseits kann man beim Beleg / Beispiel
Einkauf gezielt preiswerte oder saisonale Produkte kaufen.
Andererseits bezahlt man beim Fast Food die gesamten
Entstehungskosten mit, z. B. die Erfindung des Produkts,
die Herstellung des Produkts und die Kosten für die Lage-
rung, aber auch für den Erhalt des Konzerns und der
Lebensmittelindustrie.

Insgesamt betrachtet ist Fast Food die einfachere Alterna- **Schluss:**
tive, aber durch den Einsatz der immer gleichen Zusatz- **Fazit**
stoffe und dem hohen Salzgehalt fehlen dem Körper auf
Dauer nicht nur frische Vitamine und Mineralstoffe, sondern auch ein abwechslungsreicher Geschmack. Das Ganze
bekommt der Fast-Food-Esser für höhere Kosten. Dabei
verpasst er so viel: die Auswahl von Zutaten nach eigenem Wunsch, den Duft, der beim Kochen durch die Wohnung zieht, das Abschmecken und die Freude, wenn das
Essen allen schmeckt.

Aber das alles muss gelernt werden und daher finde ich es Eigene Positionierung
sehr begrüßenswert, wenn in Kitas und Schulen Kochen
wieder auf dem Lehrplan steht.

1 „hdgdlusnm is vll out, alta!"

Emilia Smechowski

Wenn der Raum zu klein für die Sprache wird – wie SMS unsere Kommunikation verändert.

1 Ich habe eine jüngere Schwester. Sie ist 15, ich bin 26. Und wir sind uns sehr ähnlich, sagen alle. Bisher war ich immer ihr Vorbild, doch mein Image der coolen Älteren beginnt zunehmend zu bröckeln. Schuld daran ist eine kurze Nachricht von 160 Zeichen. Das Problem heißt SMS. Das Dilemma: Ich verstehe
5 meine kleine Schwester nicht mehr!

„Shuu, über, tobi hat ne ische –.– Scheiße kp was jezt? hab sie grad zsmgesehn lassmaspätatelenunne runde hartzen^^shlaan muss jezterstmakla kommen:* cumb". Das ist so eine SMS von ihr. Nur: Was bitte soll das heißen? Mit dem Handy in der Hand stehe ich da, auf dem Gesicht ein großes Fragezei-
10 chen. Und dann versuche ich krampfhaft, die aneinandergereihten Buchstaben Schritt für Schritt zu dechiffrieren[1].

Versuchen wir es: Tobi kenne ich, das ist der Junge, der sie auf dem Schulhof immer anlächelt. Sie findet ihn ganz toll. Bislang hatte aber keiner von beiden den ersten Schritt gewagt. Ich verstehe: Es scheint also ein Problem zu
15 geben. Aber was ist eine ische? Ein Mädchen? Und hartzen und shlaan? Verdammt noch mal! In neun von zehn Fällen gebe ich entnervt auf. Auch dieses Mal rufe ich sie an, damit sie mir wie einem Analphabeten ihre Nachricht erklären kann. Ich sehe sie förmlich vor mir – in ihrer juvenilen[2] Coolness mit den Augen rollend, wirft sie ihren Freundinnen entnervte Blicke zu. Als wäre ich
20 nicht elf, sondern mindestens 50 Jahre älter, entschlüsselt sie ihre Geheimsprache, die mich aus ihrem Leben ausschließt.

Ich gebe zu: Die meisten Abkürzungen folgen tatsächlich einer gewissen Logik. Oder sie tauchen so häufig auf, dass sie fast als neue Sprachnorm fungieren. „Prinzip der Sprachökonomie" würde mein Linguistik-Professor[3] dazu
25 sagen. Im praktischen Leben ist das viel einfacher: Es geht darum, in einer SMS mit begrenzten Zeichen möglichst viele Informationen so knapp wie möglich unterzubringen.

So erklären sich all die Buchstaben-Zahlen-Kombinationen (F2F – facetoface), die Akronyme[4] (bvid – bin verliebt in dich) sowie die falsche Schreib-
30 weise, um „überflüssige" Buchstaben weglassen zu können (jezt oder späta).

Schwieriger wird es da schon bei komplett neuen Wortbildungen (hartzen) oder den unterschiedlichen Smiley-Kombinationen.

Hartzen ist tatsächlich eine Ableitung von Hartz IV und bezeichnet Nichts-tun. Mein Entsetzen über die Gleichsetzung eines Hartz-IV-Empfängers mit
35 jemandem, der faul in der Ecke rumhängt, kann meine Schwester nicht verste-hen. „Ist nicht wirklich ernst gemeint", sagt sie. Das Zeichen -.- stehe für vor Wut zusammengekniffene Augen, erklärt sie weiter: „Wenn man halt angepisst ist!" Nur mal zum Hintergrund: Meine Schwester geht auf ein humanistisches Gymnasium, lernt Latein und Altgriechisch, liest gern, und wenn mich nicht
40 alles täuscht, bekommt sie für Schulaufsätze ganz annehmbare Noten. Aber: In ihrer Welt muss sie noch eine andere Sprache beherrschen.

Ein bisschen kenne ich das ja noch. Als ich 15 war, hatte ich kein Handy. Aber Abkürzungen und Geheimsprachen haben auch wir damals in unserer Mädels-Clique gebraucht. Je nachdem, wie sehr wir uns gerade mochten, variier-
45 ten unsere Zettelnachrichten von „hdl" (hab dich lieb) über „hdgdl" (hab dich ganz doll lieb) zum eher seltenen und ganz besonderen „hdgdlusnm" (hab dich ganz doll lieb und sogar noch mehr). Diese Anekdote lässt meine Schwester jedes Mal vor Peinlichkeit erschaudern.

Sie weiß: Man muss sich abgrenzen können. Lehrer, Eltern, Jungs – je weni-
50 ger sie dich verstehen, desto besser. Aber warum ich? Sicher, das Phänomen der Jugendsprachen ist nicht neu, schon immer hat die ältere Generation die jüngere nicht verstanden und über den Verfall der Sprache geschimpft. Aber ich wurde doch nur elf Jahre vor meiner Schwester geboren!

Warum sehen meine SMS aus wie kleine Briefe, in denen ich akribisch[5] auf
55 Groß- und Kleinschreibung und korrekte Zeichensetzung achte? Ist das dieser berühmte Punkt im Leben, an dem man zum ersten Mal das Gefühl hat, nicht mehr am Puls der Zeit zu sein?

Auch wenn ich das Wie nicht verstehe, das Was ist mir am Ende dann doch noch klar geworden: Der tolle Tobi hat leider eine Freundin, meine Schwester
60 weiß nicht mehr weiter und sucht meinen Rat. Warum sie das nicht in normalen Worten sagen kann? „Ist doch witziger so."

Sie scheint mich zu brauchen und mir gleichzeitig klarmachen zu wollen: So ähnlich sind wir uns gar nicht, ich habe etwas, das du nicht hast. Ich beherrsche einen Raum, der dir zu klein ist!
65 Wissen Sie: Meine Schwester hilft mir die Welt zu verstehen – und ich rate Ihnen, bleiben Sie einfach ganz locker, wenn Sie mal eine SMS folgenden Inhalts bekommen: SIMS (Schatz, ich mach Schluss), ISDINL (Ich sehe dich im nächsten Leben) oder aber DUWIPA! (Du wirst Papa!). Vor allem für Letzteres findet meine kleine Schwester hoffentlich andere Worte, wenn es irgendwann so
70 weit ist. Wenn nicht, verstehe ich das natürlich auch.

EMILIA SMECHOWSKI, 26, lebt in Berlin und sagt, am Telefon verstehe sie sich mit ihrer Schwester bestens.

Quelle: http://www.taz.de/Moderne-Kommunikation/!46119/ (Abruf vom 31. 12. 2009)

1 entschlüsseln
2 jugendlichen
3 Professor für Sprachwissenschaft
4 Kurzwort aus den Anfangsbuchstaben mehrerer Wörter
5 sehr genau und sorgfältig

Lesekompetenz – Aufgaben zu Text 1
„hdgdlusnm is vll out, alta!"

Punkte

101 Vervollständigen Sie in der folgenden Tabelle die Angaben zur Autorin.

1

a) Vor- und Nachname:	
b) Wohnort:	
c) Alter:	
c) Alter der Schwester:	

102 Kreuzen Sie an, ob die folgenden Aussagen zur Schwester der Autorin richtig oder falsch sind.

2

	richtig	falsch
a) Sie wendet sich bei Problemen an ihre ältere Schwester.	☐	☐
b) Sie liest nicht gern.	☐	☐
c) Sie lernt alte Sprachen.	☐	☐
d) Sie ist verliebt.	☐	☐
e) Sie findet ihre Schwester manchmal peinlich.	☐	☐

103 Notieren Sie,
   a) was „hdgdlusnm" bedeutet.
   b) woher die Autorin diese Abkürzung kennt.

   a) _____   1

   b) _____   1

2014-3

104 Wie geht die Autorin vor, wenn sie eine Nachricht ihrer Schwester nicht versteht?

a)   erster Schritt:

_____ 1

b)   zweiter Schritt:

_____ 1

105 Die Autorin erhält eine SMS von ihrer Schwester.
Notieren Sie den Grund für diese SMS. 1

_____

* 106 Warum beginnt das Ansehen der Autorin bei ihrer Schwester „zu bröckeln" (Z. 3)? 1

_____

107 Im Text werden drei typische sprachliche Besonderheiten jeweils mit Beispielen genannt, die beim Verfassen einer SMS benutzt werden.
Ergänzen Sie die Tabelle um eine sprachliche Besonderheit bzw. mit einem Beispiel aus dem Text (Z. 28–32).

Sprachliche Besonderheiten einer SMS	Beispiel	
a) neue Wortbildung		1
b)	jezt / späta	1
c) Buchstaben-Zahlen-Kombination		1

* 108 Die SMS der beiden Schwestern unterscheiden sich sprachlich sehr stark.
Notieren Sie jeweils ein sprachliches Merkmal, das den Unterschied deutlich macht. 1

große Schwester:

_____

kleine Schwester:

_____

* 109 Im Untertitel heißt es: „Wenn der Raum zu klein für die Sprache wird." Erläutern Sie, was damit gemeint ist. 2

_____

_____

_____

∗110 Notieren Sie einen Grund aus dem Text, warum Jugendliche untereinander ihre eigene Sprache verwenden.   1

_____

_____

∗111 Notieren Sie, welchen Appell die Verfasserin am Schluss an die Erwachsenen richtet.   1

_____

∗112 Im Text heißt es: „Meine Schwester hilft mir die Welt zu verstehen …" (Z. 65).
Notieren Sie, wessen „Welt" hier gemeint ist.   1

_____

113 In Zeile 61 findet sich das Zitat: „Ist doch witziger so."
Notieren Sie, wer dies gesagt hat.   1

_____

Lesekompetenz gesamt	**19**
Fundamentum	12
∗ Additum	7

Sprachwissen und Sprachbewusstsein – Aufgaben zu Text 1   Punkte

151 Im Text finden sich verschiedene Stilmittel.
Ordnen Sie entsprechend zu.
1) Metapher
2) Personifikation
3) Parallelismus
4) Vergleich

		Stilmittel	
∗	a) Sie ist 15, ich bin 26.	3)	1
	b) Meine SMS sehen aus wie kleine Briefe.	4)	1

2014-5

152 Auf welches Wort im folgenden Satz bezieht sich das unterstrichene Wort?

Schon immer hat die ältere Generation die <u>jüngere</u> nicht verstanden. 1

a) Schon	☐
b) ältere	☐
c) Generation	☒
d) verstanden	☐

153 Begründen Sie die Großschreibung der unterstrichenen Wörter.

… und ich rate <u>Ihnen</u>, bleiben <u>Sie</u> einfach ganz locker … 1

Höflichkeitsform, Anredepronomen = groß

154 Mit welcher Rechtschreibstrategie können Sie jeweils überprüfen, dass in den folgenden Beispielen das unterstrichene Wort richtig geschrieben ist?

Ordnen Sie zu:
1) Das Wort verlängern.
2) Das Wort aus dem Wortstamm/der Wortfamilie ableiten.
3) Das Wort in Silben/in seine Bestandteile zerlegen.

		Rechtschreibstrategie	
a)	<u>rollend</u> – rollent	1)	1
* b)	<u>enttäuscht</u> – entäuscht	3)	1
c)	<u>erklären</u> – erkleren	2)	1

155 Im Text wird die Redewendung „am Puls der Zeit sein" verwendet.
Kreuzen Sie an, welche Formulierung die Redewendung ersetzen könnte. 1

a) gestresst sein	☐
b) hochaktuell sein	☒
c) altmodisch sein	☐
d) aufgeregt sein	☐

156 Welche Funktion erfüllt die Klammer in Zeile 28 f.?   1

Sie zeigt ein Beispiel

157 Notieren Sie aus dem folgenden Wort den Wortteil, der auf die Großschreibung hinweist.   1

Gleichsetzung

ung

158 Kreuzen Sie an, welcher der folgenden Teilsätze der Nebensatz ist.   1

a)	Tobi kenne ich,	☐
b)	das ist der Junge,	☐
c)	der sie auf dem Schulhof immer anlächelt.	☒

159 Ersetzen Sie in dem folgenden Satz die umgangssprachliche Formulierung durch eine standardsprachliche.
„Ich rate Ihnen, bleiben Sie einfach ganz locker."   1

entspannt

Sprachwissen und Sprachbewusstsein gesamt   **12**
Fundamentum   10
✳ Additum   2

2 Der kleine Satellit

Horst Evers

1 Im Bus. Der Junge auf dem Sitz vor uns zückt sein Handy, wählt eine Nummer, spricht:

„Ey! Nur dass du's weißt, ich ruf dich nich' mehr an. Nur dass das klar is', wie ich's gestern schon gesagt habe, ich hab dich komplett gestrichen. Von mir 5 kriegst du keinen Anruf mehr."

… … …

Wenn man lange genug in Berlin lebt, hat man sich eigentlich an Sonderlinge gewöhnt. Der Berliner hat reichlich davon, nennt sie meist liebevoll ein Original und lässt sie ansonsten gewähren.

10 Was ich mich nur manchmal frage, ist: Was geht in einem Satelliten vor, wenn er solch einen Anruf übermitteln muss? Da kreist dieser kleine Satellit Tausende von Kilometern über der Erde. Es ist kalt, es ist ungemütlich, es ist stockduster[1]. […] Und dann plötzlich: ein Anruf! Über Tausende von Kilometern kommt dieses Signal zum Satelliten. Der ist natürlich in heller Aufregung: O 15 Gott, o Gott, Menschen wollen miteinander sprechen, meine Schöpfer wollen kommunizieren. Ich muss ihnen helfen, ich darf jetzt nicht versagen. Ein Auftrag, ein Auftrag, über Tausende von Kilometern gereist, ein großer Auftrag. O Gott, o Gott, o Gott, o Gott. Also gut, ganz ruhig. Welche Nummer ruft er denn an? Wo hält sich diese Nummer auf? Ich muss diese Nummer finden, diese 20 Nummer, irgendwo muss diese Nummer sein. Wo ist diese Nummer!!!???

Und dann beginnt er aus dem dunklen, kalten Weltall heraus über Tausende von Kilometern die ganze Welt abzuscannen. In Bombay, in Rio, in Tokio … Wo ist diese Nummer? Verdammt, die muss doch irgendwo sein! Da! In Berlin, da isse. Ach guck mal, nich' mal 500 Meter voneinander entfernt. Na ja, so klein 25 ist die Welt. Egal, ich werde jetzt diese Verbindung herstellen, über Tausende von Kilometern, hin und zurück, zweimal Tausende von Kilometern, aber ich hab's jetzt. Es ist nicht einfach, es ist gar nicht einfach. Der eine bewegt sich auch noch, ist im Bus oder so, ich weiß es auch nicht. Aaaahhh … aber ich schaff das, ich halte die Leitung. Jetzt, meine Schöpfer, könnt ihr kommunizie- 30 ren. Aaaaaahh …

Euer Gespräch.

Und dann hört er: „Ey, ich ruf dich nicht mehr an." Was also denkt ein Satellit im dunklen, kalten Weltall in solch einem Moment?

Der muss sich doch veralbert vorkommen. Aber so richtig. Ich bin fest 35 davon überzeugt, wenn es eines Tages zur Rebellion der Maschinen kommt, […] dann wird es die Kommunikationselektronik sein, die rebelliert. Weil sie sich diesen ganzen Blödsinn einfach nicht mehr anhören wollte. Dieses ganze Zeugs, wie: „Ich bin gleich da, du müsstest mich schon sehen können!" oder: „Hier in

Friedrichshain regnet es den ganzen Tag, wie ist das Wetter bei euch in Kreuz-
40 berg?" Oder auch: „Oh, dich wollt ich ja gar nicht anrufen, hab ich wohl aus
Versehen die falsche Nummer gewählt, na ja, ich ruf dich später noch mal an."
Manchmal sehne ich mich zurück nach den alten, sehr archaischen[2] Formen der
innerstädtischen Kommunikation. Zettel im Hausflur zum Beispiel: Die Heizung
wird gewartet. Komme Dienstag, den 22. 10., zwischen 9.00 und 18.00 Uhr.
45 Stellen Sie den Zugang zur Wohnung sicher.

Vor so einem Zettel kann man sich begegnen und meckern: „Na toll, zwischen 9.00 und 18.00 Uhr. Warum nicht gleich: Komme irgendwann zwischen
Oktober und März." Solche Momente des Gemeinschaft stiftenden Meckerns
sind selten und kostbar.

50 Oder der Klassiker: „Ich feiere heute am Freitag meinen 30sten Geburtstag.
Ich möchte diesen Tag in aller Stille verbringen. Machen Sie also bitte keinen
Lärm!" Solche Zettel freilich kollidierten[3] dann manchmal mit einer anderen
wunderbaren Form der archaischen innerstädtischen Kommunikation: dem
Durch-den-Hof-Schreien. Wer macht das heute schon noch?

55 „Ey, kommt hoch, Kinder, es ist 18.00 Uhr."
18.00 Uhr. Das war eine echte und interessante Information für die ganze
Hausgemeinschaft. Ohne großen Aufwand und eigene Uhr wusste man da doch
schon mal, wie spät das ist.

Ich hab mir dann manchmal den Spaß gemacht, einfach um vier schon mal
60 durch den Hof zu rufen:
„Es ist 18.00 Uhr."

War immer ganz hübsch zu beobachten, wie dann ringsum in einigen Wohnungen die totale Hektik ausbrach. Heute werden kaum mehr Sachen durch den
Hof gerufen. Nicht mal Uhrzeiten. Die spielenden Kinder im Hof werden meist
65 einfach per Handy hochgerufen.

Und der arme kleine Satellit im dunklen Weltall muss das dann alles übertragen. Und wie wird das erst, wenn auch noch das gesamte Internet nur noch über
Satellit abgewickelt wird. All das krude[4] Zeug, das er dann übertragen muss.
Manchmal frage ich mich, wie unsere Welt heute wohl aussähe, wenn das Inter-
70 net nicht erfunden worden wäre oder sich aus irgendwelchen Gründen nicht
durchgesetzt hätte. Ob dann mittlerweile all diese halbseidenen Anbieter halb le-
galer Waren aus dem Netz, ob die dann wohl von Haus zu Haus als Handelsver-
treter durch die Lande ziehen würden?

So gesehen ist es dann doch wieder gar nicht so schlecht, dass es das Internet
75 gibt. Wenn man sich vorstellt, diese Leute würden sonst täglich mehrfach an der
Haustür klingeln. Und wie könnte dann ein Spamfilter aussehen? Wie groß und
breitschultrig müsste der sein? Und wer installiert einem den? Die ganze Welt,
unser ganzes Leben sähe völlig anders aus. Verglichen damit waren die Veränderungen durchs Internet ja doch eher ein Klacks.

⁸⁰ Da ist es dann doch besser, wenn der arme kleine Satellit im dunklen Weltall mal ein paar sinnlose Gespräche vermitteln muss. Letztendlich prallt das an dem doch auch nur alles irgendwie ab.

Aus: Horst Evers: Der kleine Satellit. Frankfurt/Main: Eichborn 2005, S. 21 ff.

1   stockdunkel, besonders dunkel
2   aus sehr früher Zeit stammenden, altertümlichen
3   *hier:* prallten aufeinander
4   *hier:* wirre, rätselhafte

Lesekompetenz – Aufgaben zu Text 2 „Der kleine Satellit"   Punkte

201   Im ersten Abschnitt des Textes (Z. 1–5) wird die Situation dargestellt, die den Erzähler dazu veranlasst, auf humorvolle Art über modernes Kommunikationsverhalten nachzudenken.
Notieren Sie

	Antworten	
a) den Ort der Handlung.		1
b) die beobachtete Figur.		1
c) die beobachtete Handlung.		1

＊202   Im Text heißt es:
„Ich ruf dich nich' mehr an […], wie ich's gestern schon gesagt habe." (Z. 3 f.).
Notieren Sie, welcher Widerspruch in diesem Anruf enthalten ist.   1

_____

_____

＊203   Laut Erzähler sind manche Inhalte von Telefonaten „Blödsinn" (Z. 37). Notieren Sie, warum der folgende Anruf als sinnlos bewertet werden kann.
„Ich bin gleich da, du müsstest mich schon sehen können!"   1

_____

_____

✳ 204 Der Erzähler stellt sich die Frage, was in dem „kleinen Satelliten"
vor sich gehen könnte, wenn er einen Anruf übermitteln muss.
Welche Gefühle spiegeln die folgenden Gedanken des „kleinen
Satelliten" wider?

Gedanken	Gefühle	
a) „Ich muss ihnen helfen, ich darf jetzt nicht versagen."		1
b) „… aber ich schaff das, ich halte die Leitung."		1

205 Kreuzen Sie an, welche der folgenden Aktivitäten der Erzähler dem
„kleinen Satelliten" zuschreibt. 3

	zutreffend	nicht zutreffend
a) Er kreist im Weltall um die Erde.	☐	☐
b) Er kann denken.	☐	☐
c) Er schickt Handelsvertreter von Haus zu Haus.	☐	☐
d) Er empfängt Signale und sendet sie zurück zur Erde.	☐	☐
e) Er übermittelt nur sinnvolle Nachrichten.	☐	☐

206 Der Erzähler spricht von einer möglichen „Rebellion der Maschinen"
(Z. 35).
Notieren Sie,
a) welche technische Erfindung als Erste rebellieren würde.
b) warum diese rebellieren würde.

a) _____ 1

b) _____ 1

207 In den Zeilen 29 f. heißt es: „Jetzt, meine Schöpfer, könnt ihr kommunizieren." Wer ist hier mit „Schöpfer" gemeint? 1

_____

208 Im Text ist die Rede von altmodischen „Formen der innerstädtischen Kommunikation" (Z. 42 f.).
Notieren Sie
a) ein Beispiel für diese Form der Kommunikation.
b) das Kommunikationsmittel, das diese Form der Verständigung ersetzt hat.

a) _____ 1

b) _____ 1

209 Im Text gibt es zwei Angaben von Entfernungen.
Notieren Sie die Entfernungen
a) zwischen den beiden Anrufern.
b) zwischen Erde und Satellit.

a) _____ 1

b) _____ 1

∗210 Mit der folgenden Bemerkung ordnet der Erzähler den Berlinern eine bestimmte Charaktereigenschaft zu.
„Der Berliner […] nennt sie meist liebevoll ein Original und lässt sie ansonsten gewähren." (Z. 8 f.)
Kreuzen Sie an, wie sich der Berliner zu diesen „Originalen" verhält.   1

a)	arrogant	☐
b)	tolerant	☐
c)	ablehnend	☐
d)	kritisch	☐

211 Im Text werden Gedanken in der Ich-Form wiedergegeben.
Notieren Sie, wem die folgenden Gedanken zugeordnet werden können.
1. dem Erzähler
2. dem Jungen im Bus
3. dem kleinen Satelliten im Weltall
4. dem Autoren
5. den Schöpfern

Gedanken	Nummer	
a) „Was ich mich nur manchmal frage …" (Z. 10)		1
b) „… aber ich hab's jetzt." (Z. 26 f.)		1

∗212 Die Komik des Textes wird auch durch Übertreibungen hervorgerufen. Notieren Sie ein Beispiel für eine Übertreibung aus den Zeilen 46–49.

1

_____

_____

Lesekompetenz gesamt **21**
Fundamentum 15
∗ Additum 6

Sprachwissen und Sprachbewusstsein – Aufgaben zu Text 2   Punkte

251 Wenden Sie im folgenden Satz die Umstellprobe (Verschiebeprobe) an.

Da kreist dieser kleine Satellit weit entfernt über der Erde.

  a) Was kann man mithilfe einer Umstellprobe erkennen?
  b) Wenden Sie die Umstellprobe auf den oben stehenden Satz an und notieren Sie einen möglichen Satz.

∗a) _Welche Satzteile/Welche Wörter zu den jeweiligen Satzgliedern gehören_   1
  b) _Weit entfernt über die Erdkreis einen kleine Satellit_   1

252 Der folgende Satz ist unvollständig:

War immer ganz hübsch zu beobachten.

  a) Notieren Sie den Satz in seiner vollständigen Form.
  b) Bestimmen Sie das ergänzte Satzglied.

  a) _Es war immer_   1
  b) _Subjekt_   1

253 Bestimmen Sie die Art der Teilsätze des folgenden Satzes.
Tragen Sie die entsprechenden Bezeichnungen für Hauptsatz (HS) und Nebensatz (NS) ein.

1

	Bezeichnung
Aber ich bin fest davon überzeugt,	*AS∩HS*
wenn es eines Tages zur Rebellion der Maschinen kommt,	*NS*
dann wird es die Kommunikations-elektronik sein.	*NS*

* 254 Im Text heißt es: „all diese <u>halbseidenen</u> Anbieter" (Z. 71).
Kreuzen Sie an, welcher Begriff synonym zu dem unterstrichenen
Wort verwendet werden kann.   1

a)	kostenlosen	☐
b)	extravaganten	☐
c)	anerkannten	☐
d)	unseriösen	☒

* 255 Der Gebrauch von Modalverben verändert die Aussage eines Satzes.
Der folgende Satz drückt eine Verpflichtung aus:
Ich <u>muss</u> mit Ihnen sprechen.
Formulieren Sie den Satz so um, dass ein Wunsch ausgedrückt wird.
Ersetzen Sie dafür das unterstrichene Modalverb durch ein anderes.   1

Ich will mit Ihnen sprehen

* 256 Der Text enthält Merkmale mündlicher Kommunikation. Notieren
Sie je ein Beispiel aus den Zeilen 3–5 für folgende Merkmale.

Merkmal mündlicher Kommunikation	Beispiel aus dem Text
a) Zusammenziehen mehrerer Wörter zu einem Wort	
b) Ausrufe	
c) Weglassen der grammatikalischen Endung	

(1, 1, 1 at right margin for a, b, c)

✳ 257 Im Text heißt es: „Und der arme kleine Satellit im dunklen Weltall muss das dann alles übertragen."
Kreuzen Sie an, welches der folgenden Wörter hier synonym zu „arm" verwendet werden kann.   1

a)	mittellose	☐
b)	armselige	☐
c)	bedauernswerte	☒
d)	bedürftige	☐

258 Notieren Sie die Wortarten der unterstrichenen Wörter.
   a) „All das krude Zeug, <u>das</u> er dann übertragen muss."
   b) „So gesehen ist es dann doch wieder gar nicht so schlecht, <u>dass</u> es das Internet gibt."

a) ___Präposition_____   1

b) _____   1

Sprachwissen und Sprachbewusstsein gesamt   13
Fundamentum   6
✳ Additum   7

Ei, Ei, Ei
Aus: Die Zeit Nr. 17 vom 20. April 2011 (bearbeitet)

Schale
Sie ist porös, deshalb können Bakterien ins Ei eindringen, aber auch Gase wie CO2 entweichen.

Farbe
Sie ist genetisch bedingt, ein Huhn legt entweder nur braune oder nur weiße Eier. Die Deutschen ziehen braune Eier vor (im Verhältnis 60 : 40).

Verbrauch
10 Milliarden Eier wurden 2009 in Deutschland erzeugt, mehr als die Hälfte wurde von Privathaushalten gekauft.

Eigelb
Zu 30 Prozent besteht es aus Fett; es enthält viele Vitamine und Mineralstoffe – und mehr Eiweiß als das „Eiweiß".

2-DE-02 12341

Luftkammer
Je älter ein Ei ist, desto größer wird sie. Deshalb schwimmen beim Frischetest im Wasserglas ältere Eier oben.

Der Eier-Code

Haltungssystem:
0: ökologisch
1: Freilandhaltung
2: Bodenhaltung
3: Käfighaltung

Betriebsnummer:
Jeder Betrieb hat eine vierstellige Kennung. Die fünfte Ziffer identifiziert den Stall des Huhns.

Haltungsformen

Bundesland:
01: Schleswig Holstein
02: Hamburg
15: Sachsen-Anhalt
16: Thüringen

Länderkennung:
DE: Deutschland
BE: Belgien
AT: Österreich
NL: Niederlande

	Käfig	Boden	Freiland	ökologisch*
1995	93,7%	4,6%	1,6%	
2010	15,7%	63,5%	14,3%	6,5%

*Die ökologische Haltung wird erst seit 2007 gesondert erfasst, zuvor zählte sie zur Freilandhaltung.

16 %
Großverbraucher

32 %
Nahrungsmittelindustrie

52 %
private Haushalte

Haltbarkeit

28. Tag
Das Mindesthaltbarkeitsdatum läuft ab. Ab jetzt sollte man die Eier nur noch durcherhitzt verwenden.

Legetag

3. Tag
Innerhalb der ersten drei Tage entwickeln Eier ihr Aroma.

22. Tag
Drei Wochen alte Eier schnell verbrauchen!

9. Tag
So lange dürfen Eier noch als „extra frisch" verkauft werden.

Nach: Infografik Ei, Ei, Ei; aus: DIE ZEIT Nr. 17 vom 20 April 2011. Illustration: Martin Burgdorff. Recherche: Magdalena Hamm; Quellen: Destatis, Marktinfo Eier&Geflügel, Bundesverband Deutsches Ei, BMELV.

Lesekompetenz – Aufgaben zu den Grafiken „Ei, Ei, Ei"

301 Der Eier-Code wird in einer Grafik erklärt.
Entschlüsseln Sie die noch fehlenden Informationen des dargestellten Codes.   1

Codierung	Entschlüsselung
2	
De	Deutschland
02	
1234	Betrieb 1234
1	

302 Wovon hängt es ab, ob ein Huhn braune oder weiße Eier legt?   1

* 303 Begründen Sie, warum beim Frischetest frische Eier im Wasser nicht aufsteigen.   1

304 Kreuzen Sie an, ob die folgenden Aussagen zur Beschaffenheit von Eiern richtig oder falsch sind.   3

		richtig	falsch
a)	Das Eigelb enthält mehr „Eiweiß" als das Eiweiß.	☐	☐
b)	Eier enthalten Vitamine und Mineralstoffe.	☐	☐
c)	Eine Woche nach dem Legedatum darf ein Ei nicht mehr als „extra frisch" verkauft werden.	☐	☐
d)	Vor 2007 gab es noch keine ökologische Haltung.	☐	☐
e)	Nach 22 Tagen sind die Eier besonders aromatisch.	☐	☐

* 305 Begründen Sie, warum 28 Tage alte Eier nur noch durcherhitzt verzehrt werden sollen. 2

_____

_____

_____

306 Zum Eierverbrauch in Deutschland werden verschiedene Aussagen getroffen.
Notieren Sie 1

den größten Verbraucher:	
den prozentualen Anteil der Nahrungsmittelindustrie:	

307 Treffen Sie eine Aussage zur Entwicklung der Haltungsformen von Legehühnern von 1975 bis 2010. 1

_____

_____

Lesekompetenz gesamt	**10**
Fundamentum	7
* Additum	3

4 Schreibkompetenz – Überarbeiten eines Textes

In den folgenden Text haben sich beim Druck einige Fehler eingeschlichen. Korrigieren Sie nur den jeweiligen Rechtschreib-, Zeichensetzungs-, Grammatik- oder Ausdrucksfehler.

Punkte

481	**Fernsehserien stellen ein falsches Bild von der Berufs- welt da**	R	1
482	Fernsehserien erfreuen sich vor allem deshalb großer Beliebtheit, weil die Zuschauer identifizieren sich mit den Charakteren.	G (Satzbau)	1
*483	Dass die Serien tatsächlich die Rea- lität wiederspiegeln, stimmt jedoch nicht.	R	1
484	Es werden junge Menschen gezeigt die sehr oft im Medienbereich und in der Modebranche arbeiten.	Z (Korrigieren Sie direkt im Text.)	1
485	Änderungsschneider und Bauglaser sucht man dagegen meißt vergeb- lich.	R	1
486	Fast jeder dritte berufstätige deut- sche war vor wenigen Jahren noch in der Produktion beschäftigt.	R	1
*487	Allerdings sind es in den Serien nur etwa ein Prozent.	G (Numerus)	1
488	Dieses voll schiefe Bild der Berufs- welt beeinflusst die Berufsvorstel- lungen der Jugendlichen.	A	1
*489	So steigt beispielsweise der Wunsch im Gesundheitswesen zu arbeiten, mit dem Konsum von Krankenhaus- und Arztserien deutlich an.	Z (Korrigieren Sie direkt im Text.)	1

2014-19

Dagegen ist das Interesse an Handwerksgewerbe und an den dazugehörigen Berufsfeldern bei Jugendlichen vergleichsweise gering.	**G** (Kasus) _____	1

Schreibkompetenz gesamt	**10**
Fundamentum	7
* Additum	3

5 Schreibkompetenz – Erstellen eines Schreibplans

Sinn und Unsinn des Schenkens

Einige Schülerinnen und Schüler in Ihrer Klasse machen sich zu verschiedenen Anlässen gegenseitig Geschenke. Andere finden dies unpassend. Daraufhin gibt es eine heftige Diskussion, die zu keiner Einigung führt. Dies nehmen Sie zum Anlass, um einen Artikel für die Schülerzeitung zu verfassen.

Lesen Sie zunächst folgende Meinungsäußerungen.

Meinungsäußerungen:

Ein Geschenk kann ein Ausdruck persönlicher Wertschätzung sein.

Ein passendes Geschenk zu finden ist oft schwierig.

Geschenke zu bestimmten Anlässen machen den Tag zu einem besonderen Erlebnis.

Geschenke können zu Neid und Streit führen.

Aufgabe:

Erstellen Sie einen Schreibplan, indem Sie das folgende Gliederungsraster ausfüllen:

a) Leiten Sie aus den vorgegebenen Meinungsäußerungen jeweils zwei Pro-
und zwei Kontra-Argumente ab.

b) Stützen Sie die Argumente mit jeweils einem Beleg oder Beispiel. Sie müssen dabei auch auf Ihr Alltagswissen und eigene Erfahrungen zurückgreifen.

✱ c) Formulieren Sie jeweils eigenständig noch ein weiteres Pro- und Kontra-
Argument und stützen jedes mit einem eigenen Beleg oder Beispiel.

d) Ergänzen Sie stichwortartig Ihre Überlegungen für Einleitung und Schluss
des Artikels, wobei der Schluss Ihre persönliche Meinung widerspiegeln
soll.

✱ e) Formulieren Sie abschließend ein Fazit, das <u>zwei</u> Empfehlungen im Umgang mit Geschenken beinhaltet.

Gliederungsraster:

		1. Einleitung	
581	Schreibanlass		2
582	Hinführung zum Thema		
		2. Hauptteil	
	These	Schenken und Beschenktwerden bereichern unser Leben.	
583	1. Argument	•	1
584	Beleg / Beispiel	•	1

2014-21

585	2. Argument	•	1
586	Beleg/Beispiel	•	1
*587	3. Argument	•	1
*588	Beleg/Beispiel	•	1
	Gegenthese	Schenken bereitet nicht nur Freude.	
589	1. Argument	•	1
590	Beleg/Beispiel	•	1
591	2. Argument	•	1
592	Beleg/Beispiel	•	1
*593	3. Argument	•	1
*594	Beleg/Beispiel	•	1

3. Schluss		
595	Persönliche Meinung	1
∗ 596	Fazit/zwei Empfehlungen	2

6   Schreibkompetenz – Umsetzung des Schreibplans: Verfassen eines Artikels für die Schülerzeitung

Aufgabe:
Verfassen Sie nun den Artikel für die Schülerzeitung auf der Basis Ihres Schreibplans.
Beachten Sie, dass Sie einen zusammenhängenden Text schreiben.

Sinn und Unsinn des Schenkens

1 **hdgdlusnm is vll out, alta!** *(Emilia Smechowski)*

Lesekompetenz – Aufgaben zu Text 1 „hdgdlusnm is vll out, alta!"

101

a) Vor- und Nachname:	Emilia Smechowski
b) Wohnort:	Berlin
c) Alter:	26
d) Alter ihrer Schwester:	15

Hinweis: Du findest die Lösungen in folgenden Zeilen: a) Einleitung und Hinweis auf Autorin b) Hinweis auf Autorin c) Z. 1 und Hinweis auf Autorin d) Z. 1, Z. 42 und indirekt in Z. 20 und Z. 53

102

		richtig	falsch
a)	Sie wendet sich bei Problemen an ihre ältere Schwester.	☒	☐
b)	Sie liest nicht gern.	☐	☒
c)	Sie lernt alte Sprachen.	☒	☐
d)	Sie ist verliebt.	☒	☐
e)	Sie findet ihre Schwester manchmal peinlich.	☒	☐

Hinweis: a) In Z. 16 steht: „In neun von zehn Fällen gebe ich entnervt auf. Auch dieses Mal …" Daraus kann man schlussfolgern, dass sich die jüngere Schwester bei Problemen an die ältere wendet.
b) Z. 39: „liest gern"
c) Z. 39: „lernt Latein und Altgriechisch"
d) Z. 13: „findet ihn toll", Z. 59: „der tolle Tobi"
e) Z. 18f.: „mit den Augen rollend, wirft sie ihren Freundinnen entnervte Blicke zu" oder Z. 47f. „vor Peinlichkeit erschaudern"

103 a) hab dich ganz doll lieb und sogar noch mehr
b) Die Autorin nutzte Abkürzungen und Geheimsprache in ihrer Mädchen-clique.

Hinweis: Die Lösungen findest du in den Z. 46f. bzw. Z. 43ff.

104 a) erster Schritt: Sie versucht krampfhaft, die aneinandergereihten Buchstaben Schritt für Schritt zu dechiffrieren.

b) zweiter Schritt: Sie ruft ihre jüngere Schwester an.

Hinweis: Du findest die Lösungen in den Z. 10f. bzw. Z. 16f.

105 Sie sah Tobi mit seiner Freundin, weiß nicht mehr weiter und sucht den Rat der Autorin.

Hinweis: Du findest die Antwort in Z. 59f. bzw. im Original Z. 6ff.

* 106 Die Autorin ist nicht mehr ihr ständiges Vorbild, denn sie versteht die kleine Schwester nicht mehr. Sie kann die SMS nicht entziffern.
Oder: Die kleine Schwester beherrscht einen Raum, der der Autorin zu klein ist.

Hinweis: Du findest mögliche Antworten in den Z. 1–5 bzw. Z. 62ff.

107

Sprachliche Besonderheiten einer SMS	Beispiel
a) neue Wortbildung	hartzen
b) falsche Schreibweise	jezt / späta
c) Buchstaben-Zahlen-Kombination	F2F

Hinweis: Die Beispiele entnimmst du aus dem Text. a) Z. 31, b) Z. 30 und c) Z. 28f.

* 108 große Schwester: achtet akribisch auf Groß- und Kleinschreibung *oder* korrekte Zeichensetzung
kleine Schwester: Abkürzung *oder* falsche Schreibweise

Hinweis: Für die große Schwester findest du mögliche Antworten in den Z. 54f. Für die kleine Schwester in den Z. 28–32.

* 109 Damit ist gemeint, dass in einer SMS nur eine begrenzte Zeichenanzahl genutzt werden kann.

Hinweis: Lies den kompletten Untertitel: „Wenn der Raum zu klein für die Sprache wird – wie SMS unsere Kommunikation verändert." Der Untertitel weist darauf hin, dass es im Text um SMS-Sprache geht. Der Raum bzw. Platz in einer SMS ist begrenzt und häufig zu gering. Durch das Verwenden von Zeichen und Abkürzungen passt mehr „Sprache" in den „Raum".

✳110 Jugendliche benutzen untereinander ihre eigene Sprache, um sich abzugrenzen.

✐ *Hinweis: Diese Antwort findest du in Z. 49.*
Es gibt weitere Antwortmöglichkeiten im Text. Möglich wäre auch: „Damit andere, z. B. Lehrer, Eltern, Jungs, dich nicht verstehen." (Z. 49 f.)
Oder: „Um Älteren, die bisher immer Vorbild waren, zu zeigen, dass man selbst etwas kann, was die Älteren nicht können." (Z. 2 f. und 62 ff.)

✳111 Wenn man die SMS nicht versteht, soll man entspannt bleiben.

✐ *Hinweis: Lies den letzten Absatz durch, in Z. 66 f. findest du die Empfehlung der Verfasserin. Die umgangssprachliche Formulierung „locker bleiben" formulierst du um.*

✳112 Damit ist die Welt der modernen SMS-Kommunikation gemeint.

✐ *Hinweis: Hier ist dein Alltagswissen gefragt. Es sind auch andere Antworten möglich: z. B. die Welt der Jugendlichen, die sich weiterentwickelnde Welt.*

113 die kleine Schwester

✐ *Hinweis: Lies den kompletten Abschnitt (Z. 58–61) noch einmal, dann wird es deutlich, wer das gesagt hat.*

Sprachwissen und Sprachbewusstsein – Aufgaben zu Text 1

151		Stilmittel
✳	a) Sie ist 15, ich bin 26.	3) Parallelismus
	b) Meine SMS sehen aus wie kleine Briefe.	4) Vergleich

✐ *Hinweis: a) Hier folgen gleich gebaute Satzteile aufeinander = Parallelismus. Es lässt sich außerdem ausschließen, dass es sich hierbei um eine Metapher (bildhafter Ausdruck mit übertragener Bedeutung) bzw. Personifikation (Begriffe vermenschlicht) handelt, es fehlt weiterhin das Vergleichswort.*
b) Es wird veranschaulicht, wie ihre SMS aussehen. An dem Vergleichswort „wie" erkennst du außerdem die Lösung.

152 c) Generation

Hinweis: Durch das Ausschlussverfahren erkennst du, dass keines der anderen Worte passt.

153 Bei den unterstrichenen Wörtern handelt es sich um die Höflichkeitsform.

Hinweis: Es ist auch richtig, wenn du die Großschreibung mit „Anrede" bzw. „Anredepronomen" erklärst.

154

	Rechtschreibstrategie
a) rollend – rollent	1) Das Wort verlängern.
* b) enttäuscht – entäuscht	3) Das Wort in Silben / in seine Bestandteile zerlegen.
c) erklären – erkleren	2) Das Wort aus dem Wortstamm / der Wortfamilie ableiten.

Hinweis: Zuerst musst du den Unterschied zwischen beiden Wörtern erkennen. In der Tabelle ist er unterstrichen. Überlege nun, wie du die richtige Schreibung erkennen kannst: a) rollend – rollende: durch Beugung wurde das Wort verlängert. b) ent-täuscht statt en-täuscht: durch das Zerlegen in Silben. c) In „erklären" steckt das Adjektiv „klar", denn man will sich etwas klar machen.

155 b) hochaktuell sein

Hinweis: Falls du die Redewendung nicht kennst, versuche es mit dem Ausschlussverfahren.
Im gesamten Text geht es darum, dass die Autorin einer modernen Entwicklung nicht mehr folgen kann. Lies genau den Textabschnitt, in dem die Redewendung vorkommt (Z. 54–57). Sie hat das erste Mal im Leben das Gefühl, einer neuen Entwicklung nicht mehr folgen zu können. Sie ist nicht mehr modern oder „hochaktuell". Durch die Verneinung „nicht mehr" fällt „altmodisch" als Antwort raus. Außerdem geht es im Text auch nicht um Stress oder Aufregung.

156 Die Klammer erklärt mit einem Beispiel die Buchstaben-Zahlen-Kombination.

Hinweis: Eine Klammer im Text erklärt meist das davor Stehende. Lies dir die Z. 28 f. noch einmal durch. Hier erklärt sie eines der SMS-Zeichen.

157 ung

Hinweis: Die Nachsilbe/Suffix -ung ist ein typisches Merkmal für ein Nomen/Substantiv und damit für die Großschreibung.
Als richtig wird auch „Setzung" gewertet, denn hier wird das komplette Nomen/Substantiv genannt.

158 c) der sie auf dem Schulhof immer <u>anlächelt.</u>

Hinweis: Du erkennst einen Nebensatz am sichersten an der Position des finiten Verbs: am Satzende.

159 Ich empfehle Ihnen, bleiben Sie entspannt.

Hinweis: Hier ist dein Alltagswissen gefragt. Stell dir vor, du gibst diese Empfehlung einer hochstehenden Persönlichkeit, z. B. deinem Schulleiter. Andere Lösungsmöglichkeiten wären: „Ich rate Ihnen, bleiben Sie ruhig." oder „Ich empfehle Ihnen, regen Sie sich nicht auf." Achte auf die Groß-schreibung der Anredepronomen.

2 Der kleine Satellit *(Horst Evers)*

Lesekompetenz – Aufgaben zu Text 2 „Der kleine Satellit"

201

		Antworten
a)	den Ort der Handlung	im Bus
b)	die beobachtete Figur	ein Junge
c)	die beobachtete Handlung	er nimmt sein Handy, wählt eine Nummer und redet dann

Hinweis: Achte beim Beantworten darauf, dass es nur um Textabschnitt Z. 1–5 geht. Schreibe nur die Beobachtungen auf, also nicht das Gehörte.

∗202 Er hat gestern gesagt, dass er nicht mehr anruft, tut es aber heute wieder.

Hinweis: In deiner Antwort muss deutlich werden, dass er anruft, obwohl er gesagt hat, dass er dies nicht mehr tun will.

∗203 Es ist sinnlos jemanden anzurufen, wenn man sich schon sehen kann.

Hinweis: In deiner Antwort muss deutlich werden, dass Anrufe nicht not-wendig sind, wenn man sich schon sehen kann bzw. die Ankunft ankündigen, wenn man in Sichtweite ist.

Gedanken	Gefühle
a) „Ich muss ihnen helfen, ich darf jetzt nicht versagen."	verantwortungsbewusst
b) „… aber ich schaff das, ich halte die Leitung."	zuversichtlich

Hinweis: Dein Alltagswissen ist gefragt. Versetze dich in eine Situation, in der du a) helfen musstest bzw. b) wusstest, dass du es auch kannst. Wie hast du dich dabei gefühlt? Dieses Gefühl trägst du als Antwort ein. Es sind auch andere Antworten möglich: z. B. a) gestresst, ängstlich, aufgeregt bzw. b) selbstbewusst, optimistisch. Die Gefühle können auch als Nomen/ Substantiv notiert werden.

205

	zutreffend	nicht zutreffend
a) Er kreist im Weltall um die Erde.	☒	☐
b) Er kann denken.	☒	☐
c) Er schickt Handelsvertreter von Haus zu Haus.	☐	☒
d) Er empfängt Signale und sendet sie zurück zur Erde.	☒	☐
e) Er übermittelt nur sinnvolle Nachrichten.	☐	☒

Hinweis: Du sollst beantworten, welche der Aktivitäten der Erzähler dem Satelliten zuschreibt. Schau dazu in den Text. Aussage a) findest du in Zeile 11 f. Aussage b) kannst du ableiten aus dem gesamten Textabschnitt von Z. 14 bis Z. 33, denn hier entwickelt der Autor die Gedanken des „kleinen Satelliten". Er stellt sich vor, dass der Satellit in dieser Geschichte denken kann. Aussage d) findest du verteilt auf die Z. 13 f. (er empfängt ein Signal) und Z. 21 f. (sendet das Signal zurück zur Erde). Für die Aussagen c) und e) gibt es keine zutreffenden Hinweise im Text.

206 a) die Kommunikationselektronik
b) Sie will sich diesen ganzen Blödsinn einfach nicht mehr anhören.

Hinweis: Du findest die Antworten im Text Z. 34–37. In der Fragestellung a) wird nach der „ersten" technischen Erfindung gefragt, die rebellieren würde. Das wird im Text so nicht erwähnt und du kannst diesen Teil daher übergehen.

207 die Menschen

Hinweis: Es geht nicht konkret um die beiden Personen, die miteinander telefonieren, sondern um ihre Art. Eine mögliche Antwort wäre auch: die Erfinder der Satelliten.

208 a) ein Zettel im Hausflur
b) das Internet

Hinweis: Die Antwort a) findest du in Z. 43. Eine weitere Antwortmöglichkeit wäre auch das „Durch-den-Hof-Schreien" (Z. 54). Für die Antwort b) ist dein Alltagswissen gefragt: Wie werden heute Informationen verbreitet? Außer „Internet" gelten auch „Telefon" und „Handy" als richtig.

209 a) 500 Meter
b) Tausende von Kilometern

Hinweis: Du findest die Antwort a) in Z. 24 und b) in Z. 12.

∗210 b) tolerant

Hinweis: Lies noch mal den Textabschnitt Z. 7 ff. Der Berliner lässt diese Sonderlinge „gewähren". Das bedeutet, er ist ihnen gegenüber tolerant.

211 a) 1 – dem Erzähler
b) 3 – dem kleinen Satelliten im Weltall

Hinweis: Du musst die betreffenden Textabschnitte noch einmal lesen, um sie den entsprechenden Antwortmöglichkeiten richtig zuzuordnen. Da es sich hier um einen fiktionalen Text, also eine Kurzgeschichte handelt, kommt der Gedanke a) „Was ich mich nur manchmal frage ..." vom Erzähler, nicht vom Autor.

∗212 zwischen Oktober und März

Hinweis: Lies den angegebenen Textabschnitt. Dort wird der Verlauf eines Arbeitstages von 9 bis 18 Uhr mit dem Zeitraum von Oktober bis März gleichgesetzt: also 9 Stunden entsprächen einem halben Jahr, was stark übertrieben ist.

251 a)* Mithilfe einer Umstellprobe kann man erkennen, welche Wörter ein Satzglied bilden.

b) Dieser kleine Satellit kreist da weit entfernt über der Erde.

✍ *Hinweis: Bei der Umstellprobe vertauscht man die Reihenfolge der Satzglieder, d. h., man erkennt, welche Wörter im Satz zusammen stehen bleiben, ohne die Aussage des Satzes zu verändern. Als richtige Antwortmöglichkeit gilt auch: die Anzahl der Satzglieder. In b) werden alle Lösungsvorschläge gewertet, die richtig sind: z. B. „Weit entfernt kreist da über der Erde dieser kleine Satellit." Vergiss die Lokalbestimmung „da" in deiner Lösung nicht.*

252 a) Es war immer ganz hübsch zu beobachten.

b) Subjekt

✍ *Hinweis: Suche dir den entsprechenden Textabschnitt heraus und lies den kompletten Satz. Du findest ihn in Z. 62 f.*
Der Satz „War immer ganz hübsch zu beobachten, ..." ist am Satzanfang unvollständig und beginnt mit einer Ellipse. Hier fehlt das Subjekt, was du mit der Fragestellung „Wer oder was war immer ganz hübsch zu beobachten?" herausfindest. Mögliche Antwort wäre auch „Das war immer ganz hübsch zu beobachten."
Die Fragestellung der Aufgabe kann aber auch komplett anders beantwortet werden. Der ausgewählte Satz beginnt nicht nur mit einer Ellipse, er geht auch weiter, als in der Aufgabenstellung genannt: Im Text heißt er komplett: „War immer hübsch zu beobachten, wie dann ringsum in einigen Wohnungen die totale Hektik ausbrach." Auch diese Lösung ist für a) möglich, b) wäre dann „Gliedsatz" oder „Teilsatz".

253

	Bezeichnung
Aber ich <u>bin</u> fest davon überzeugt,	Hauptsatz HS
wenn es eines Tages zur Rebellion der Maschinen <u>kommt</u>,	Nebensatz NS
dann <u>wird</u> es die Kommunikationselektronik sein.	Hauptsatz HS

✍ *Hinweis: Bestimme das finite Verb, du erkennst die Art des Satzes an seiner Stellung. Bei Stellung am Ende des Teilsatzes handelt es sich um einen Nebensatz.*

reich der Grafik, unter der Überschrift „Haltbarkeit". Dort wird erklärt, dass Eier bis zum 9. Tag nach Legedatum als „extra frisch" verkauft werden dürfen. d) Die Antwort findet sich im unteren Bereich der Grafik, auf der linken Seite unter der Überschrift „Haltungsformen". Dort steht, dass die ökologische Haltung bis 2007 zur Freilandhaltung gezählt wurde. Es gab sie jedoch auch vorher schon. e) Für diese Antwort gibt es nur indirekt einen Hinweis. Unter der Überschrift „Haltbarkeit" wird erklärt, dass innerhalb der ersten drei Tage die Aromen entwickelt werden, aber nach 22 Tagen die Eier schnell verbraucht werden müssen. Daraus kannst du ableiten, dass die Eier nach 22 Tagen nicht noch aromatischer sind als nach drei Tagen.

✱ 305 Nach 28 Tagen läuft das Mindesthaltbarkeitsdatum ab. Die Haltbarkeit wird nicht mehr garantiert.

✐ *Hinweis: Du findest die Lösung im unteren Bereich der Grafik, unter der Überschrift „Haltbarkeit – 28. Tag". Dort wird erläutert, dass die Haltbarkeit abgelaufen ist. Richtig wäre auch die Antwort aus deinem Alltagswissen, dass durch das Durcherhitzen die Keime und Bakterien getötet werden.*

306

den größten Verbraucher:	private Verbraucher
den prozentualen Anteil der Nahrungsmittelindustrie:	32,00 %

✐ *Hinweis: Du findest die Antworten im unteren Bereich der Grafik, unter der Überschrift „Verbrauch".*

307 Zwischen 1975 und 2010 hat sich die Haltungsform von Legehühnern verändert. Die Zahl der Käfighaltungen ist stark zurückgegangen.

✐ *Hinweis: Du findest mehrere Antwortmöglichkeiten im mittleren Bereich der Grafik, unter der Überschrift „Haltungsformen". Als richtig werden auch gewertet: die Bodenhaltung hat zugenommen bzw. die Freilandhaltung ist mehr geworden.*

4 Schreibkompetenz – Überarbeiten eines Textes

481	Fernsehserien stellen ein falsches Bild von der Berufswelt ~~da~~	R: *dar*
482	Fernsehserien erfreuen sich vor allem deshalb großer Beliebtheit, weil die Zuschauer ~~identifizieren~~ sich mit den Charakteren.	G (Satzbau): *Fernsehserien erfreuen sich vor allem deshalb großer Beliebtheit, weil die Zuschauer sich mit den Charakteren identifizieren.*
* 483	Dass die Serien tatsächlich die Realität ~~wiederspiegeln~~, stimmt jedoch nicht.	R: *Dass die Serien tatsächlich die Realität widerspiegeln, stimmt jedoch nicht.*
484	Es werden junge Menschen gezeigt, die sehr oft im Medienbereich und in der Modebranche arbeiten.	Z: Korrigieren Sie direkt im Text.
485	Änderungsschneider oder Bauglaser sucht man dagegen ~~meißt~~ vergeblich.	R: *meist*
486	Fast jeder dritte berufstätige ~~deutsche~~ war vor wenigen Jahren noch in der Produktion beschäftigt.	R: *Deutsche*
* 487	Allerdings ~~sind~~ es in den Serien nur etwa ein Prozent.	G (Numerus): *ist*
488	Dieses ~~voll~~ schiefe Bild der Berufswelt beeinflusst die Berufsvorstellungen der Jugendlichen.	A: *sehr*

*489 So steigt beispielsweise der Wunsch, im Gesundheitswesen zu arbeiten, mit dem Konsum von Krankenhaus- und Arztserien deutlich an.	Z: *Korrigieren Sie direkt im Text.*
490 Dagegen ist das Interesse ~~an~~ Handwerksgewerbe und an den dazugehörigen Berufsfeldern bei Jugendlichen vergleichsweise gering.	G (Kasus): *am*

✎ *Hinweis:*

481) Ein Buchstabe wurde vergessen, der bei ungenauem Sprechen nicht deutlich zu hören ist. Du erkennst hier den Fehler, wenn du das komplette Verb bestimmst: darstellen.

*482) Die Reihenfolge der Wörter im zweiten Teilsatz sind falsch, jedoch umgangssprachlich oft zu hören. Die Konjunktion „weil" leitet einen Nebensatz ein. Daher steht das finite Verb „identifizieren" am Satzende. Es gibt jedoch auch eine zweite Lösungsmöglichkeit. „Fernsehserien erfreuen sich vor allem deshalb großer Beliebtheit, **denn** die Zuschauer identifizieren sich mit den Charakteren." Die unterordnende Konjunktion „weil" wurde gegen die nebenordnende Konjunktion „denn" ausgetauscht. Dadurch bleibt das Prädikat beim Subjekt, denn nun handelt es sich um zwei verbundene Hauptsätze.*

483) In diesem Satz geht es darum, wie die Serie die Realität reflektiert/gegenspiegelt. Hier verwendet man „wider" (einfaches i) im Sinne von „gegen".

484) Das Satzgefüge besteht aus zwei Teilsätzen (HS, NS), die durch ein Komma voneinander getrennt werden müssen. Den Hauptsatz erkennst du an dem Prädikat an zweiter Stelle: „werden", den Nebensatz am Prädikat an letzter Stelle: „arbeiten".

485) Schlage das Wort im Wörterbuch nach.

486) „Deutsche" ist ein Nomen, das erkennst du u. a. an den vorausgehenden Attributen.

487) Das Zahlwort „eins" (1 %) verlangt den Singular (Einzahl) des nachfolgenden Verbs, daher „ist".

488) Die Formulierung „voll …" ist umgangssprachlich und wird verwendet, wenn eine Eigenschaft besonders deutlich hervortritt. In der Standardsprache verwendet man „sehr …".

489) Der eingeschobene (erweiterte) Infinitiv hängt von einem Nomen ("Wunsch") ab, daher muss er durch zwei Kommas vom Hauptsatz abgetrennt werden.

490) Hier ist die Präposition falsch: das Interesse an dem Handwerksgewerbe (Dativ). an + dem = am.

5 Schreibkompetenz – Erstellen eines Schreibplans

Hinweis: Um den Schreibplan zu erstellen werden dir Teilaufgaben gestellt. Die Lösungen der einzelnen Teilaufgaben sollst du in das Gliederungsraster eintragen.

a) Ordne die vier vorgegebenen Meinungsäußerungen der These bzw. der Gegenthese zu. Die Meinungen, die die These "Schenken und Beschenktwerden bereichern unser Leben" bestätigen, gehören in Z. 583 bzw. 585. Die Meinungen zur Gegenthese "Schenken bereitet nicht nur Freude" gehören in Z. 589 bzw. 591. Du musst die Meinungsäußerungen umformulieren und mit deinen eigenen Worten eintragen.

b) Überlege dir, welche Beispiele die vorliegenden Argumente verdeutlichen. Vielleicht hast du bereits ähnliche Situationen erlebt? Begründe mithilfe deines Beispiels, warum das Argument die These/Gegenthese besonders gut verdeutlicht. Formuliere deine Belege jeweils passend in Z. 584, 586, 590 bzw. 592.

c) Nenne hier jeweils ein neues, bisher nicht genanntes Argument zur Stützung der These bzw. Gegenthese. Du musst es ausformulieren und mit einem Beispiel belegen. Weitere Lösungsmöglichkeiten für die These wären z. B., dass man beim Schenken Freude empfindet oder der Schenkende etwas Neues kennenlernt, vielleicht beim gemeinsamen Ausflug zum Kitesurfen. Bei der Gegenthese könntest du anführen, dass viele Geschenke doch nicht gefallen und im Müll landen oder das ständige Geschenkekaufen zu teuer ist.

d) Deine Gedanken zur Hinführung an das Thema bzw. für den Schluss kannst du stichwortartig notieren. Dafür sind die Zeilen 581, 582 und 595 vorgesehen.

e) Ziehe nun einen Schluss aus den vorangegangenen Erläuterungen und trage deine Überlegungen in Z. 596 ein. Mache zudem zwei persönliche Vorschläge zum Umgang mit dem Thema.

581	**1. Einleitung:**	
	Schreibanlass:	• in unserer Klasse werden zu kleinen und großen Anlässen immer Geschenke gemacht

		• anfangs waren es kleine Geburtstagstörtchen, mittlerweile sind es teilweise so viele Geschenke, dass die große Pause zum Auspacken und Bewundern nicht mehr reicht
		• jetzt gab es Streit, ob diese ständige „Geschenketauscherei" eigentlich sinnvoll ist
582	Hinführung zum Thema	in unserer Schülerzeitung will ich meine persönliche Einschätzung zum Thema darlegen
	2. Hauptteil	
	These	Schenken und Beschenktwerden bereichern unser Leben.
583	1. Argument	Durch ein Geschenk zeige ich einem Menschen, dass er mir etwas bedeutet.
584	Beleg/Beispiel	Denn der Beschenkte weiß dann, das man eine ganze Weile überlegt oder recherchiert hat, um ein passendes Geschenk zu finden. Das tut man nicht, wenn man jemanden unwichtig findet.
585	2. Argument	Ein Geschenk anlässlich eines besonders wichtigen Tages betont die Bedeutung des Ereignisses.
586	Beleg/Beispiel	Aus diesem Grund werden in vielen Ländern und Kulturen zum Geburtstag oder zum Hochzeitstag Geschenke gemacht, denn diese sollen den neuen Lebensabschnitt bereichern.
*587	3. Argument	Ein Geschenk erinnert immer an den Schenkenden.
*588	Beleg/Beispiel	Wenn die Zeit vergeht oder sich Schenkender und Schenker lange nicht mehr sehen, denkt man beim Anblick bzw. der Nutzung des Geschenkes immer wieder an den, der es einem geschenkt hat. Es ist eine wertvolle Erinnerung.
	Gegenthese	Schenken bereitet nicht nur Freude.
589	1. Argument	Manchmal ist es nicht leicht, ein angemessenes Geschenk für den anderen auszusuchen.
590	Beleg/Beispiel	Viel Geld können wir Schüler ohne eigenes Einkommen für ein Geschenk nicht ausgeben. Daher ist die Auswahl der möglichen Geschenke begrenzt und das macht die Suche nach einem schönen Präsent sehr schwer.

591	2. Argument	Geschenke können Missgunst und schlechte Gefühle hervorrufen.
592	Beleg/Beispiel	Leider kommt es vor, dass man ein Geschenk kauft, dass zwar sehr gut zu dem Beschenkten passt, aber nicht so teuer war, wie die zuvor selbst erhaltenen Geschenke von dieser Person. Manche Charaktere reagieren darauf unfreundlich.
*593	3. Argument	Manche Menschen sind der Meinung, dass Schenken verpflichtet.
*594	Beleg/Beispiel	Der zuvor Beschenkte fühlt sich nun verpflichtet, dem Schenkenden auch eine Kleinigkeit zu überreichen, damit dieser sich wertgeschätzt und gerecht behandelt fühlt. Dadurch entsteht ein Kreislauf, der gar nichts mehr mit dem ursprünglichen Gedanken der besonderen Zuwendung zu tun hat.
	3. Schluss	
595	Persönliche Meinung	• kleine Geschenke zwischen Freunden sind gut, solange sich niemand verpflichtet fühlt • ich erfreue meine Freunde mit Kleinigkeiten, die zu ihnen passen, dafür ist kein Anlass notwendig • mich stören diese Geschenkorgien in unserer Klasse
*596	**Fazit/** zwei Empfehlungen	Das Überreichen der Geburtstagsgeschenke sollte daher verändert werden. Eine Möglichkeit wäre, den Geburtstag von Mitschülern zu feiern, aber den Akt des Schenkens auf den Nachmittag/in den privaten Bereich zu verlegen. Wenn es denn trotzdem in der Öffentlichkeit stattfinden muss, sollte symbolisch nur ein Geschenk überreicht werden.

6 Schreibkompetenz – Umsetzung des Schreibplans: Verfassen eines Artikels für die Schülerzeitung

*Hinweis: In Aufgabe 6 schreibst du einen Artikel für die Schülerzeitung, der auf der Tabelle in **Aufgabe 5 basiert**. Es muss deutlich werden, aus welchem Anlass du diesen Artikel schreibst (beziehe dich hier auf die Aufgabenstellung). Du kannst ein **persönliches Erlebnis** (auch ein erfundenes) einfügen, das den Leser neugierig macht und den vorgegebenen Anlass anschaulich werden lässt.*

*Formuliere die Argumente/Gegenargumente mit den Beispielen in **vollständigen Sätzen** aus. Achte darauf, sie durch passende Konjunktionen und Überleitungen sinnvoll miteinander zu **verknüpfen**. Verwende bei der sprachlichen Gestaltung **Synonyme** für „Geschenk" und „schenken" bzw. baue Sätze so um, dass es nicht zu ständigen Wortwiederholungen kommt. Gestalte den Text **übersichtlich**, indem du neue Abschnitte in einer neuen Zeile beginnst. Insgesamt soll die Argumentation deine Einstellung zur These **Schritt für Schritt und ohne Widerspruch** deutlich machen. Deine **eigene Position** muss klar erkennbar sein und mit dem **Fazit** und den **beiden Empfehlungen zusammenpassen**.*

Vorsicht: Die Aufgabenstellung verlangt von dir einen Artikel für die Schülerzeitung, was auf den ersten Blick vielleicht vermuten lässt, dass du den Text in einer Art Jugendsprache verfassen kannst. Aus der Bewertung der Aufgabenstellung (Z. 681–687) kannst du jedoch entnehmen, dass du sprachliche Regeln und Korrektheit einhalten sollst.

Sinn und Unsinn des Schenkens

In unserer Klasse werden zu kleinen und großen Anlässen immer Geschenke gemacht. Es begann mit kleinen Geburtstagstörtchen, mittlerweile sind es manchmal so viele Geschenke, dass die große Pause zum Auspacken und Bewundern nicht mehr reicht. Nun entwickelte sich daraus eine Diskussion, ob diese ständige „Geschenketauscherei" eigentlich sinnvoll ist. Ich möchte euch hier in unserer Schülerzeitung meine persönliche Einschätzung zum Thema darlegen. **[Einleitung: Schreibanlass / Hinführung zum Thema]**

Sicherlich kann ich mit ruhigem Gewissen behaupten, dass das Schenken und Beschenktwerden unser Leben bereichert. Denn auf diese Art und Weise zeige ich einem Menschen, dass er mir etwas bedeutet. So weiß der Beschenkte dann, das man eine ganze Weile überlegt oder recherchiert hat, um ein passendes Geschenk zu finden. Das tut man nicht, wenn man jemanden unwichtig findet. **[Hauptteil: These / 1. Argument / Beleg/Beispiel]**

Außerdem betont ein Geschenk anlässlich eines besonders wichtigen Tages die Bedeutung des Ereignisses. Aus diesem Grund werden in vielen Ländern und Kulturen zum Geburtstag oder zum Hochzeitstag Geschenke gemacht, denn diese sollen den neuen Lebensabschnitt bereichern. **[2. Argument / Beleg/Beispiel]**

Aber das Geschenk erinnert nicht nur an das besondere Ereignis, sondern immer auch an den Schenkenden. Wenn dann die Zeit vergeht, sich Schenkender und Schenker lange nicht mehr sehen, denkt man beim Anblick bzw. der **[3. Argument / Beleg/Beispiel]**

Nutzung des Geschenkes immer wieder an den, der es einem geschenkt hat. Es ist eine wertvolle Erinnerung.

Trotz all dieser bestärkenden Argumente möchte ich nun deutlich machen, dass Schenken nicht nur Freude bereitet. Gegenthese

Zum einen ist es manchmal nicht leicht, ein angemessenes Geschenk für den anderen auszusuchen. Denn viel Geld können wir Schüler ohne eigenes Einkommen für ein Geschenk nicht ausgeben. Daher ist die Auswahl der möglichen Geschenke begrenzt und das macht die Suche nach einem schönen Präsent sehr schwer. 1. Argument
Beleg/Beispiel

Der Preis eines Geschenkes ist ein weiterer Knackpunkt, denn er kann Missgunst und andere schlechte Gefühle hervorrufen. So kommt es leider vor, dass man ein Geschenk kauft, dass zwar sehr gut zu dem Beschenkten passt, aber nicht so teuer war, wie die zuvor selbst erhaltenen Geschenke von dieser Person. Ich durfte bereits erleben, dass manche Charaktere darauf sehr unfreundlich reagieren. 2. Argument
Beleg/Beispiel

Darüber hinaus sind manche Menschen der Meinung, dass Schenken verpflichtet. Der zuvor Beschenkte fühlt sich nun gezwungen, dem Schenkenden auch eine Kleinigkeit zu überreichen, damit dieser sich wertgeschätzt und gerecht behandelt fühlt. Dadurch entsteht ein Kreislauf, der gar nichts mehr mit dem ursprünglichen Gedanken der besonderen Zuwendung und des freiwilligen Gebens zu tun hat. 3. Argument
Beleg/Beispiel

Zusammenfassend möchte ich verdeutlichen, dass ich kleine Geschenke zwischen Freunden gut finde, solange sich niemand verpflichtet fühlt. Auch ich erfreue meine Freunde mit Kleinigkeiten, die zu ihnen passen, habe dafür aber keinen speziellen Anlass nötig. Deshalb stören mich diese Geschenkorgien in unserer Klasse, denn sie hinterlassen z. T. den Eindruck, es ginge um Eigenlob des Schenkenden. Schluss:
Persönliche Meinung

Um die Situation zu entschärfen und die Diskussion zu beenden schlage ich deshalb vor, das Überreichen der Geburtstagsgeschenke zu verändern. Eine Möglichkeit wäre, den Geburtstag von Mitschülern zu feiern, aber den Akt des Schenkens auf den Nachmittag/in den privaten Bereich zu verlegen. Wenn es denn trotzdem in der Öffentlichkeit stattfinden muss, sollte symbolisch nur ein Geschenk überreicht werden. Fazit

1. Empfehlung

2. Empfehlung

1 Ernest Shackleton

Ernest Shackleton gelangt vor Scott und Amundsen näher an den Südpol heran als je ein Mensch vor ihm. Auf seiner dritten Antarktisexpedition steckt er im Packeis fest – und startet die spektakulärste Rettungsaktion in der Geschichte des Südpolarmeers.

5 Der Erfolg einer Expedition – wovon hängt er ab? Es gab Unternehmen, die brachen auf, und niemand hörte jemals wieder etwas von ihnen. Andere erreichten zwar ihr hochgestecktes Ziel, aber auf dem Rückweg kamen alle Teilnehmer um. Für viele Expeditionsleiter zählte ein einzelnes Leben nicht viel, wenn es darum ging, ihre Vision zu verwirklichen. Doch manche hätten ihr eigenes Leben gege-

10 ben, um alle Mitglieder wieder heil nach Hause zu bringen. Vielleicht sind das die größten Entdeckerpersönlichkeiten – auch wenn sie ihr eigentliches Ziel gar nicht erreicht haben. Ernest Shackleton ist so ein Fall.

Der gebürtige Ire ist Anfang 20 und Offizier der englischen Handelsmarine, als er an Robert F. Scotts erster Antarktisexpedition teilnimmt. Schon bei der

15 ersten Überwinterung im Packeis zeigen sich die Unterschiede der beiden Männer. Scott, ganz englischer Marineoffizier, legt mehr Wert auf Hierarchien als auf gute Kommunikation mit seinen Leuten. Shackleton dagegen findet zu jedem gut Kontakt und wird so zum psychologischen Führer der Expedition.

Shackleton begleitet Scott gemeinsam mit Edward Wilson auf dessen erster

20 Fahrt Richtung Südpol. Auf dem Rückweg ist Shackleton so geschwächt, dass er zeitweise von den anderen beiden auf einem Schlitten gezogen werden muss. Scott, mit dem er sich verkracht hat, schickt ihn als dienstuntauglich nach Hause. Doch in England wird Shackleton als Held gefeiert – immerhin ist er einer der Männer, die bisher am weitesten nach Süden vorgedrungen sind.

25 Durch den Beifall ermutigt, treibt Ernest Shackleton das Geld für eine eigene Antarktisexpedition auf und kauft das Schiff „Nimrod". Mit zehn Ponys und neun Hunden geht es 1907 abermals zum südlichsten Kontinent. Die Expedition errichtet ihr Lager auf der Ross-Insel.

Shackleton teilt das Unternehmen in mehrere Gruppen auf. Einer Mann-

30 schaft gelingt die Erstbesteigung des 3 795 Meter hohen Vulkans „Erebus". Ein zweites Team erreicht am 16. Januar 1909 als erstes den magnetischen Pol der Südhalbkugel auf Victorialand. Shackleton selber bereitet unterdessen seinen Marsch zum geografischen Südpol vor.

Am 29. Oktober 1908 bricht er mit vier Ponys auf. Er wird begleitet von
Jameson Adams, Éric Marshall und Frank Wild. Es wird ein unbarmherziger
Gewaltmarsch. Die Ponys sinken im Schnee ein, fallen in Gletscherspalten. Alle
müssen getötet werden, die Männer ziehen ihre Schlitten nun selber. Shackleton
entdeckt den Beardmore-Gletscher. Ohne Steigeisen kämpfen er und seine Män-
ner sich die gewaltige Eiszunge hinauf. Ende Dezember erreichen sie als erste
Menschen das antarktische Hochplateau. Von hier aus strömen die Gletscher
Richtung Küste.

Shackleton und seine Männer leiden an Schneeblindheit, Hunger und Erfrierungen. Aber sie ziehen weiter nach Süden. Am 9. Januar erreichen sie 88 Grad
23 Minuten. Die Vorräte gehen zur Neige, sie sind am Ende ihrer Kräfte, aber
nur noch 185 Kilometer vom Pol entfernt. Kein Mensch war jemals so nah am
südlichsten Punkt der Erde. Doch Shackleton opfert seine Männer nicht. Er dreht
um. Adams wird auf dem Rückweg so krank, dass er nicht mehr laufen kann. Die
anderen ziehen ihn auf einem Schlitten. Die letzten 36 Stunden marschieren sie
ohne Pause – und retten ihm dadurch das Leben. Die Expedition hat den Pol
nicht erreicht. Sie ist dennoch ein großer Erfolg. In England wird Shackleton
dafür in den Adelsstand erhoben.

Amundsen erreicht 1911 als Erster den Südpol. Peary hat zwei Jahre vorher
den Nordpol erobert. Doch eine Trophäe ist für Shackleton noch zu holen: die
Durchquerung der Antarktis. Am 1. August 1914 sticht er mit der „Endurance"
in See. Die Expedition ist überschattet vom Ausbruch des Ersten Weltkriegs. In
Buenos Aires kommen 69 kanadische Schlittenhunde an Bord. Am 5. November
1914 erreichen die Männer Südgeorgien, einen Monat später segeln sie mit fri-
schen Vorräten weiter ins Südpolarmeer.

Das Weddellmeer – es liegt zwischen der ostantarktischen Küste, der Antarktischen Halbinsel und den Süd-Sandwich-Inseln – ist eines der gefährlichsten
Meere der Welt. Hier toben Orkane und haushohe Wellen. Eisschollen werden
von der Strömung nach Westen vorangetrieben. Wenn sie sich schließen, spricht
man von Eisdrift. Sechs Wochen bahnt sich die „Endurance" einen Weg durch
das Packeis. Immer wieder kann sie sich in offene Wasserrinnen retten. Doch am
20. Januar 1915 sitzt sie fest – eine Tagesreise von dem geplanten Landeplatz an
der antarktischen Küste entfernt. Fußballspielen auf dem Eis, Training mit den
Hunden, sonntags Gesangsabende – der Winter ist lang. Am 1. Mai verschwindet
die Sonne – die Eisdrift treibt das Schiff immer weiter von der Küste weg. Im
September – Frühling auf der Südhalbkugel – rührt sich das Eis. Schollen schie-
ben sich krachend übereinander, verkeilen sich, bäumen sich auf. Die „Endurance" führt einen zähen Todeskampf. Die Männer müssen tatenlos zusehen. Am
27. Oktober zerbirst ihr Schiff – und sinkt.

Die Truppe rettet sich aufs Eis, gründet das „Patience Camp". Schlafsäcke
werden verlost. Shackleton dreht es so, dass die Offiziere die dünneren bekom-

75 men. Sie schleppen drei offene Boote mit, um sich darin zu retten, sobald sich die Eisfläche öffnet. Ein Mann darf sein Banjo mitnehmen, um die Truppe abends aufzuheitern. Shackleton weiß, wie wichtig die Stimmung fürs Überleben ist. [...]

Das Eis wird dünner. Jede Nacht bangen die Männer in den Zelten um ihr
80 Leben. Ob die Scholle hält, die sich da unter ihnen bewegt? Dann endlich, am 9. April, können sie in die Boote. Sie nehmen Kurs auf die Elephant-Insel. Sieben Tage in offenen Booten über das stürmische Eismeer – als sie auf dem kargen Eiland ankommen, sind sie mehr tot als lebendig. „Eine so wilde und ungastliche Küste habe ich noch nie gesehen", notiert Frank Hurley, der Fotograf. Kein
85 Mensch weiß, wo sie sind. Südgeorgien mit seiner Walfangstation liegt fast 1 500 Kilometer entfernt.

Doch Shackleton wagt das schier Unmögliche. Mit fünf Männern sticht er am 24. April 1916 in einem siebeneinhalb Meter langen, offenen Boot in See, um von dort Rettung zu holen. Sie nehmen Proviant für vier Wochen mit. Wenn
90 sie die Insel bis dahin nicht erreicht hätten, meint Shackleton, wären sie sowieso untergegangen. Das Südpolarmeer kocht, immer wieder überzieht Eis die Taue des Boots. Ihre nasse Kleidung trocknet während der ganzen Fahrt nicht. Wenn bei einem der Männer die Lebensgeister nachzulassen drohen, lässt Shackleton heiße Pulvermilch zubereiten. Schneetreiben und Stürme behindern die Naviga-
95 tion. Es ist schwierig, die Sonne mit dem Sextanten[1] anzuvisieren. Ein Wunder, dass sie nach 16 Tagen Südgeorgien erreichen. Es dauert vier Monate – noch ist Krieg –, bis Shackleton ein chilenisches Schiff auftreibt, um seine Männer von der Elephant-Insel zu retten, doch am Ende hat er keinen einzigen Mann verloren.
100 1921 bricht der große Polarfahrer noch einmal in die antarktischen Gewässer auf. Doch in Südgeorgien stirbt er an Herzversagen. Ernest Shackleton liegt dort zwischen norwegischen Walfängern begraben.

Fundort: http://www.nationalgeographic.de/entdecker/ernest-shackleton.
Redaktion National Geographic

1 Messgerät zum Bestimmen der Position auf See

Lesekompetenz – Aufgaben zu Text 1 „Ernest Shackleton"

Punkte

101 Ergänzen Sie die fehlenden Angaben zur Person Ernest Shackleton.

3   3/3

		Angaben zu Shackleton
a)	Geburtsland	Irland
b)	Alter beim Antritt seiner ersten Expedition	20 Jahre
c)	Ehrung	Adelsstand
d)	Todesursache	Herzversagen
e)	Grabstätte	Südgeorgien

102 Nummerieren Sie, in welcher Reihenfolge folgende Antarktisexpeditionen stattfanden.

1   1/1

		Nummer
a)	Expedition Shackletons in die Antarktis im Jahre 1921	4
b)	Shackletons erste eigene Antarktisexpedition	2
c)	Durchquerung der Antarktis unter Leitung von Shackleton	3
d)	Scotts erste Antarktisexpedition, an der Shackleton teilnimmt	1

103 Im Text werden Shackleton und Scott miteinander verglichen. Notieren Sie, inwiefern sich die beiden Polarforscher <u>im Umgang mit der Mannschaft</u> unterscheiden.

		Umgang mit der Mannschaft
a)	Shackleton	hat mit jedem guten Kontakt
b)	Scott	legt mehr wert auf Hierachien als auf Kommunikation

1

1   1/2

*104 Warum gehört Shackleton nach Einschätzung des Autors zu den „größten Entdeckerpersönlichkeiten" (Z. 11)?

Er ist selbstlos, tastellt das Wohl seine Mannschaft über den Erfolg

1 /1

105 Ergänzen Sie die fehlenden Angaben zu Shackletons erster eigenen Antarktisexpedition.

3 /3

a) Beginn:	1907
b) Name des Schiffes:	Nimrod
c) Art und Anzahl der Tiere an Bord:	10 Ponnys 9 Hunde
d) Ort des Basislagers:	Ross- Insel

106 Zu welcher Jahreszeit zählt der Monat September auf der Südhalbkugel?

Frühling

1 /1

*107 Obwohl Shackleton bei seiner ersten Expedition sein eigentliches Ziel nicht erreicht hatte, wurde er dennoch für seine außerordentlichen Erfolge gefeiert.
Notieren Sie
a) sein eigentliches Ziel.
b) zwei Erfolge der Expedition.

a) sein eigentliches Ziel:
Marsch zum geographischen Südpol

1 /1

b) • ein Erfolg:
Entdeckung des Vulkans „Erebus"

1 /1

• ein weiterer Erfolg:
erste Menschen am magnetischen Südpol

1 /1

*108 Ein Teil der ersten eigenen Expedition Shackletons wird als „unbarmherziger Gewaltmarsch" (Z. 35 f.) bezeichnet.
Notieren Sie drei Gründe aus dem Text, die diese Bezeichnung rechtfertigen.

• Tiere sterben
• Schneeblindheit
• Hunger und Erfrierungen

1 /1
1 /1
1 /1

109 Kreuzen Sie an, wer als Erster den Südpol erreichte. 1

a)	Shackleton	☐
b)	Scott	☐
c)	Amundsen	☒
d)	Peary	☐

110 Von welchem politischen Ereignis wurde die dritte Expedition Shackletons überschattet? 1

1. Weltkrieg

111 Was machte die Durchquerung des Weddellmeeres besonders riskant?
Notieren Sie drei im Text genannte Risiken.

- *Eins der gefährlichsten Meere der Welt Oktern* 1
- *harshe Wellen* 1
- *Eisdrift* 1

Lesekompetenz gesamt 22
Fundamentum 15
✳ Additum 7

Sprachwissen und Sprachbewusstsein – Aufgaben zu Text 1   Punkte

✳151 In Zeile 71 f. heißt es: „Am 27. Oktober zerbirst ihr Schiff."
Welches der folgenden Synonyme kann das Verb „zerbersten" in diesem Satz ersetzen? 1

a)	zerbrechen	☒
b)	zerkratzen	☐
c)	zerfallen	☐
d)	zergehen	☐

152 Formulieren Sie den folgenden umgangssprachlichen Satz in Standardsprache um. 1

Shackleton hat sich mit Scott verkracht.
Shackelton hatte Streit mit Scott.

153 Welche Bedeutung hat die Redewendung „zur Neige gehen"? 1/1

Zu Ende gehen

154 Ergänzen Sie die Tabelle, indem Sie der Schreibung der unterstrichenen Wörter die jeweilige Regel zuordnen.

Regel:
1) Substantive/Nomen werden großgeschrieben.
2) Verben werden kleingeschrieben.
3) Substantivierte/nominalisierte Verben werden großgeschrieben.
4) Adverbien werden kleingeschrieben.
5) Eigennamen werden großgeschrieben.

	Nummer der Regel	
a) Auf dem Schiff findet am <u>Sonntag</u> ein Gesangsabend statt.	1)	1/1
b) Auf dem Schiff finden <u>sonntags</u> Gesangsabende statt.	4)	1/1

155 Notieren Sie jeweils eine Rechtschreibstrategie, mit der Sie überprüfen können, ob das unterstrichene Wort richtig geschrieben ist.

	Rechtschreibstrategie	
Beispiel: <u>Schlitten</u> – Schliten	Silbentrennung (Schlit-ten)	
a) <u>geschwächt</u> – geschwecht	Wortfamilie (Schwach)	1/1
b) <u>krachend</u> – krachent	Verlängerung (krachende)	1/1

* 156 Verbinden Sie die folgenden Sätze zu einem sinnentsprechenden Satzgefüge.

Shackleton holt Hilfe für die Mannschaft. Alle Mitglieder werden gerettet. 1/1

Schackleton holt Hilfe für die Mannschaft, wodurch alle Mitglieder gerettet werden konnten.

* 157 Welche Funktion hat der Doppelpunkt in dem folgenden Satz?
Doch eine Trophäe war für Shackleton noch zu holen: die Durchquerung der Antarktis.

[handwritten] Verdeutlicht, was welche Trophäe es noch gibt

[margin: 1/1]

* 158 Der folgende Satz enthält verschiedene Stilmittel.

Die „Endurance" führt einen zähen Todeskampf.

Unterstreichen Sie zwei der hier verwendeten Stilmittel.

[margin: 1/1]

Vergleich   Personifikation   Euphemismus

Metapher   Oxymoron

159 Setzen Sie in den folgenden Sätzen die Verben aus den Klammern in einer grammatisch richtigen Form ein.

a) Auf dem Rückweg __war__ (sein) er geschwächt. *[margin: 1/1]*

b) Es __wird__ (werden) ein unbarmherziger Gewaltmarsch. *[margin: 1/1]*

160 Das Wort „schier" beschreibt die Art und Weise eines Geschehens oder Sachverhalts. Welches der folgenden Wörter kann das Wort „schier" im folgenden Satz sinngemäß ersetzen?

Shackleton wagt das <u>schier</u> Unmögliche.

[margin: 1/1]

a) oft	☐
b) nie	☐
c) meistens	☐
d) beinahe	☒

* 161 Verändern Sie den folgenden Satz so, dass er keine Wertungen mehr enthält.

Ohne Steigeisen kämpfen sich die Männer den gewaltigen Berg hinauf.

[margin: 1/ /]

Gefangen im Packeis

2 Die abenteuerliche Fahrt der Endurance
von Christa-Maria Zimmermann

1 *Bei dem folgenden Textauszug handelt es sich um den Beginn eines Romans.*

Oktober/November 1914

Ich hockte in dem engen Spind[1], mit Krämpfen in den Beinen von der Bewegungslosigkeit, und kämpfte gegen die Übelkeit. Das bisschen Tee, das Billy mir
5 heute Morgen in die Kajüte geschmuggelt hatte, wollte wieder heraus, ich spürte
es schon fast in der Kehle sitzen. Ich hatte seit gestern keinen Krümel gegessen,
denn ich wusste, dass ich am ersten Tag an Bord immer seekrank wurde, bis der
Körper sich an die Bewegungen des Schiffes gewöhnt hatte. Und die waren heftig, denn die *Endurance*, die ja mit Packeis fertig werden sollte, hatte einen spe-
10 ziell geformten Rumpf, der die Wellen besonders stark spüren ließ. Auf und ab,
auf und ab – mein Magen schlug einen Purzelbaum.

Die stickige Luft in dem Spind und der Geruch des Ölzeugs, unter dem Billy
mich versteckt hatte, verstärkten die Übelkeit noch. Kalter Schweiß überzog
mein Gesicht und meinen ganzen Körper. Meine Zähne klapperten. Ich drückte
15 die Spindtür auf und ließ mich auf den Boden gleiten. Schließlich konnte ich
mich nicht auf Billys Sachen übergeben. Wie immer, wenn ich seekrank war,
fragte ich mich, warum ich vor zwei Jahren von zu Hause ausgerissen war und
auf einem Schiff angeheuert hatte. Ich hatte Abenteuer erleben wollen, aber nicht
sterbenselend in der Ecke liegen.

20 Die Kajütentür wurde aufgerissen, jemand schrie: „Befehl vom Ersten: Alle
Mann …" Die Stimme brach ab, jemand schnappte nach Luft, dann wurde die
Türe zugeschlagen und Schritte klapperten die Treppe hoch und übers Deck. Ich
stöhnte. Was war schlimmer? Meine Entdeckung oder die Übelkeit. Ob wir wohl
weit genug vom Land entfernt waren? Den Hafen von Buenos Aires hatten wir
25 gestern verlassen, aber gab es da nicht noch ein paar vorgelagerte Inseln?

Jedenfalls war es jetzt zu spät, darüber nachzugrübeln. Die Tür ging wieder
auf, eine Hand packte mich am Kragen und stellte mich auf die Füße.

„Marsch zum Boss mit dir!"

Ich schielte nach hinten. Die Hand und die Stimme gehörten Frank Wild,
30 dem Stellvertreter von Sir Ernest Shackleton. […]

Während er mich vor sich herschob, als ob ich eine Gummipuppe wäre,
sagte er noch: „Hol die drei aus seiner Kabine. Sie müssen davon gewusst haben", und die trappelnden Schritte entfernten sich wieder.

Ich war froh, dass der Weg übers Deck führte und ich ein paar Augenblicke
35 lang die frische salzige Luft einatmen konnte. Aber dann wurde ich in die Kajüte
geschoben, die ich schon von meiner Bewerbung vor fünf Tagen kannte, und
Officer Wild meldete: „Blinder Passagier entdeckt."

Eine volle Minute lang blieb es ganz still. Ich hob den Kopf. Vor dem Tisch unterm Bullauge[2], der mit Seekarten bedeckt war, standen Sir Ernest Shackleton und Kapitän Worsley und starrten mich an. Dann machte Sir Ernest einen Schritt nach vorn, holte tief Luft – und dann brach ein Donnerwetter los, wie ich es noch nie erlebt hatte, dabei bin ich eine ganze Menge gewöhnt. Ich zog den Kopf zwischen die Schultern und wagte nicht mehr, den Blick zu heben. Am liebsten wäre ich weggelaufen, aber ich spürte Officer Wild dicht hinter mir. Und außerdem würden alle noch schlechter von mir denken, wenn ich mich wie ein Feigling benahm. Das hier musste einfach durchgestanden werden. [...] Die Tür ging wieder auf.

„Matrose Bakewell, Matrose How, Matrose McLeod", verkündete Officer Wild.

„Was habt ihr euch dabei gedacht, ihr Idioten?", donnerte Sir Ernest. „Am höchsten Mastbaum sollte man euch aufknüpfen, alle vier! Ich werde euch in Ketten legen lassen, bis wir in Südgeorgien sind, und euch von da zurück nach England schicken. Und zwar als Gefangene."

Er schrie so laut, dass seine Stimme bestimmt auf dem ganzen Schiff zu hören war. Ich fing an zu zittern, obwohl ich das wirklich nicht wollte. Sir Ernest war bei der Marine gewesen, und da herrschten strenge Sitten, das hatte ich schon oft gehört. Captain Scott hatte auf seiner ersten Expedition in die Antarktis tatsächlich einen Mann wegen Ungehorsams in Ketten legen lassen. Und gab es vielleicht die neunschwänzige Katze noch, die zum Auspeitschen verwendet wurde? Himmel, Tod und Teufel! Billy war mein einziger Freund und jetzt brachte ich ihn ins Unglück. Ich presste die Fingernägel in die Handflächen, um den Brechreiz zu unterdrücken, und öffnete den Mund.

„Ich bin ganz allein schuld, Sir. Ich habe mich versteckt. Die anderen können nichts dafür."

„Wie kannst du es wagen, meinen Befehl zu missachten?" Seine Stimme dröhnte wie ein Nebelhorn. „Ich habe dir gesagt, dass du zu jung bist und dass ich dich nicht an Bord haben will."

Jawohl, das hatte er. Vor fünf Tagen schon. [...]

„Dies ist keine Vergnügungsfahrt, sondern eine Expedition. Weißt du überhaupt, was das bedeutet?"

„Jawohl, Sir. Ich habe nämlich Ihre Bücher gelesen. [...]"

Sir Ernest schnaufte ein paar Mal laut. „Ein Bücherwurm! Auch das noch! Und was weißt du?"

Ich schluckte die saure Brühe hinunter, die mir in den Mund gestiegen war. Zur Hölle mit der Übelkeit. Jetzt würde ich reden! „Dass Sie der berühmteste Polarforscher sind. Dass Captain Scott Sie auf seine erste Südpolexpedition mitgenommen hat, von 1902 bis 1904. Dass Sie vor fünf Jahren eine eigene Expedition unternommen haben und so weit gekommen sind wie noch nie ein Mensch

vor Ihnen und dass der König Sie deshalb zum Sir gemacht hat. Und vor zwei
80 Jahren ist Captain Scott noch einmal zum Südpol aufgebrochen und hat ihn auch
erreicht, aber auf dem Rückmarsch ist er mit seinen Leuten erfroren, und der
Norweger Amundsen war schon vor ihm da."

Sir Ernest schnaufte noch einmal. „Wenn uns die Vorräte ausgehen, dann
bist du der Erste, der geschlachtet wird, dass du's nur weißt. […] Oder wir wer-
85 fen dich den Eisbären zum Fraß vor!"

Wollte er mir eine Falle stellen und testen, ob ich wirklich seine Bücher gelesen hatte? Ich holte noch einmal Luft. „Es gibt keine Eisbären in der Antarktis,
Sir. Eisbären gibt es nur am Nordpol."

Er musterte mich schweigend. Seine Augen waren wirklich so durchdrin-
90 gend wie Messer. Ich kam mir vor wie ein Kaninchen vor der Schlange. Dann
ging ein Zucken um seine Mundwinkel und er drehte den Kopf. „Einen Steward[3]
und Küchenjungen könnten wir noch brauchen, Skipper[4], oder?"

Der Kapitän nickte und blinzelte mir zu. Sollte das etwa heißen …?

„Du kriegst drei Pfund im Monat und keinen Penny mehr, verstanden?" Sir
95 Ernests Stimme klang wieder normal. „Und jetzt verschwindet!"

„Aye, aye, Sir", sagten die drei wie aus einem Munde. […]

Davon hatte ich geträumt, so lange ich denken konnte. Ich wollte Abenteuer
in fremden Ländern erleben. Und eines Tages hatte ich die düstere Schule in
Rhondda und meinen strengen Vater und meine Stiefmutter satt. In der Nacht
100 war ich aus meinem Fenster und über die Gartenmauer geklettert, war von einer
Eisenbahnbrücke in einen offenen Kohlewaggon gesprungen und mit ihm bis
Newport an der Südküste von Wales gekommen. Dort hatte ich als Schiffsjunge
angeheuert.

Seit ich zur See fuhr, war mein Leben richtig aufregend geworden. Aber die
105 Fahrt mit der *Endurance* würde alles übertreffen. Als ich sie zum ersten Mal
betreten hatte, da hatte ich mir geschworen, dass keine Macht der Welt mich
mehr von Bord bringen würde. Sir Ernest Shackleton fuhr in die Antarktis und
ich sollte nicht dabei sein, weil ich zu jung war? Oh nein!

Ich richtete mich auf und machte mich auf den Weg in die Kombüse[5]. Ich
110 hatte es geschafft! Ich gehörte zur Mannschaft der *Endurance*! Und die war auf
dem Weg zu einem der letzten großen Abenteuer, die auf der Erde noch möglich
waren: zur Durchquerung der Antarktis.

Aus: Christa-Maria Zimmermann: Gefangen im Packeis. Die abenteuerliche Fahrt der Endurance.
Würzburg, Arena 2000, S. 6–11.

1 schmaler Schrank
2 rundes Schiffsfenster
3 Servicekraft auf einem Schiff
4 Anrede für einen Kapitän
5 Schiffsküche

Lesekompetenz – Aufgaben zu Text 2 „Gefangen im Packeis"

201 Notieren Sie,

    a) in welchem Jahr die Handlung einsetzt.

    b) wie das Schiff heißt, auf dem sich der Ich-Erzähler befindet.

    a) _____ 1014 _____

    b) _____ Endurance _____

1

202 Unterstreichen Sie die Namen der Matrosen, die in der Kajüte untergebracht sind, in der der Ich-Erzähler entdeckt wird.

| Bakewell | Scott | McLeod | Wild | How | Worsley |

1

203 Notieren Sie,

    a) worin die spezielle Bauweise des Schiffes besteht.

    b) welche Auswirkungen diese auf das Verhalten des Schiffes hat.

    a) _Es hat eine spezielle geformten Rumpf_

    b) _um mit Packeis fertig zu werde,_

1

1

204 Notieren Sie, warum der Ich-Erzähler den Spind verlässt.

Ihm ist übel

1

✳ **205** Notieren Sie aus den Zeilen 3–11 einen Textbeleg, aus dem hervorgeht, dass der Ich-Erzähler nicht zum ersten Mal auf einem Schiff ist.

„_Denn ich weiß dass ich am ersten Tag an Bord immer Seekrank werde_"

1

206 Kreuzen Sie an, ob die folgenden Aussagen zum Ich-Erzähler richtig oder falsch sind.

3

		richtig	falsch
a)	Er ist vor drei Jahren von zu Hause ausgerissen.	☐	☒
b)	Er hat bereits Bücher von Ernest Shackleton gelesen.	☒	☐
c)	In Buenos Aires hat er Shackleton um die Teilnahme an der Expedition gebeten.	☒	☐

	richtig	falsch
d) Shackleton wollte ihn nicht anheuern, da er immer seekrank wird.	☐	☒
e) Er hat in Newport das erste Mal auf einem Schiff angeheuert.	☒	☐

∗ 207 Notieren Sie ein Motiv des Ich-Erzählers, an einer Expedition teilzu-
nehmen. 1

Er möchte Abenteuer erleben

∗ 208 Notieren Sie, was Shackleton dazu bewegt, den Ich-Erzähler einzu-
stellen. 1

Er hat ein gutes Wissen über
seine Epeditionen und die Antarktis

209 Notieren Sie,
a) welche Aufgaben der Ich-Erzähler an Bord übernehmen soll.
b) welchen Lohn er dafür erhalten soll. 1
a) _Er soll Steward oder Küchenjunge werden_
b) _3 Pfund im Monat_

210 Kreuzen Sie an, auf welche Personen die folgenden Aussagen zutref-
fen. 3

	Shackleton	Wild	Worsley
a) Er ist der Leiter der Expedition.	☒	☐	☐
b) Er ist stellvertretender Expeditionsleiter.	☐	☒	☐
c) Er ist der Kapitän des Schiffes.	☒	☐	☒
d) Er führt den blinden Passagier an Deck.	☐	☒	☒
e) Er hat einen durchdrin- genden Blick.	☒	☐	☐

*211 Im Text heißt es: „Am höchsten Mastbaum sollte man euch aufknüp-
fen, alle vier!"

Notieren Sie einen Grund, warum die vier so hart bestraft werden
sollen.   1

*Sie haben dem Kaptain nichts von dem
blinden Passagier erzählt*

*212 Shackleton ist zu Beginn des Gesprächs mit dem Ich-Erzähler sehr
aufgebracht. Das zeigt sich unter anderem an seiner Stimmführung.

Notieren Sie dafür zwei Belege aus dem Text.

- *Er schrie so laut, dass (...)*   1
- *Seine Stimm dröhnt wie ein Nebelhorn*   1

Lesekompetenz gesamt   **18**

Fundamentum   12

* Additum   6

Sprachwissen und Sprachbewusstsein – Aufgaben zu Text 2   Punkte

251 Ein „blinder Passagier" ist jemand, der   1

a)	nicht gut sehen kann.	☐
b)	heimlich mitreist.	☑
c)	den falschen Fahrschein gelöst hat.	☐
d)	sich der falschen Reisegruppe angeschlossen hat.	☐

252 Notieren Sie,
  a) welche Zeitformen im folgenden Satzgefüge verwendet werden.
*b) was durch den Gebrauch der beiden unterschiedlichen Zeitfor-
  men verdeutlicht wird.

Er <u>testete</u> mich, ob ich wirklich seine Bücher <u>gelesen hatte</u>.

a)   • erste Zeitform:

     Präteritum

  • zweite Zeitform:

     Perfekt ← Plusquamperfekt   1

*b)   *es handelt in die Vergangenheit*   1

*253 Erklären Sie den Bedeutungsunterschied, der sich aus der Verwen-
dung des Konjunktivs im zweiten Satz ergibt.

Satz 1: Am höchsten Mastbaum knüpfe ich euch auf.

Satz 2: Am höchsten Mastbaum würde ich euch aufknüpfen.   1

Satz 1 ist aktive direkt Aussage.

Satz 2 ist nicht direkt

254 In den beiden folgenden Sätzen wird das Anredepronomen einmal
groß- und einmal kleingeschrieben.
Begründen Sie die unterschiedliche Schreibweise.

a) Was habt <u>ihr</u> euch dabei gedacht?

b) Ich habe nämlich <u>Ihre</u> Bücher gelesen.

a) _2 Person Plural klein_   1

b) _Höflichkeitsform_   1

*255 Kreuzen Sie an, welcher der unten aufgeführten Satzbaupläne auf
den folgenden Satz zutrifft.

Das bisschen Tee, das Billy mir heute Morgen in die Kajüte
geschmuggelt hatte, wollte wieder heraus.   1

a) HS$_1$, HS$_1$. NS,	☒
b) HS$_1$, NS$_1$, NS$_2$.	☐
c) HS$_1$, HS$_2$. NS,	☐

256 Kreuzen Sie an, in welchem Modus das Verb im folgenden Satz steht.

„Und jetzt verschwindet!"   1

a) Indikativ	☐
b) Konjunktiv	☐
c) Imperativ	☒

257 Ordnen Sie den folgenden Beispielen das entsprechende Stilmittel zu.

1. Ellipse
2. Vergleich
3. Lautmalerei

Beispiel	Nummer	
a) Und zwar als Gefangene.	*1*	1
b) Über mir knatterten die Segel im Wind.	*3*	1

*258 Formen Sie den folgenden Satz in ein Satzgefüge mit einem Kausalsatz um.

Scott hatte auf seiner ersten Expedition einen Mann wegen Ungehorsams einsperren lassen.

1

_____

_____

_____

Sprachwissen und Sprachbewusstsein gesamt   **11**
Fundamentum   7
* Additum   4

Speiseeismarkt in Deutschland
Marktanteile 2012

Industriell hergestellt
Markeneis, Verkauf vorwiegend
im Lebensmittelhandel
80 %

Gewerblich hergestellt
In Eisdielen und
Gastronomiebetrieben
selbst produziert
17 %

Softeis
Verkauf hauptsächlich
über Fast-Food-Kette
und Automaten **3 %**

Pro-Kopf-Verbrauch in Europa
Angaben in Liter industriellem Eis (2011)

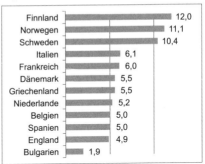

Land	Liter
Finnland	12,0
Norwegen	11,1
Schweden	10,4
Italien	6,1
Frankreich	6,0
Dänemark	5,5
Griechenland	5,5
Niederlande	5,2
Belgien	5,0
Spanien	5,0
England	4,9
Bulgarien	1,9

Lieblings-Eissorten der Deutschen
In Eisdielen 2012

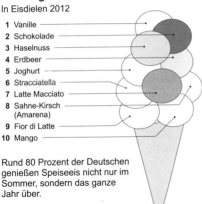

1 Vanille
2 Schokolade
3 Haselnuss
4 Erdbeer
5 Joghurt
6 Stracciatella
7 Latte Macciato
8 Sahne-Kirsch
(Amarena)
9 Fior di Latte
10 Mango

Rund 80 Prozent der Deutschen
genießen Speiseeis nicht nur im
Sommer, sondern das ganze
Jahr über.

Was verdient jemand, der Speiseeis herstellt?
Angaben in Euro pro Monat

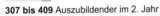

1 758 bis 1 929 Bruttogrundvergütung

307 bis 409 Auszubildender im 2. Jahr

Speiseeishersteller ist ein Exot unter den Ausbildungs-
berufen. Jedes Jahr lernen nur rund 40 Menschen
den Beruf.

Eissorten im Überblick

- Kremeis enthält mindestens 50 Prozent
  Milch und auf 1 Liter Milch mindestens
  270 Gramm Vollei oder 90 Gramm Eigelb.

- Rahmeis hat einen Milchfettanteil von mindestens 18 Prozent aus der verwendeten
  Sahne (Rahm).

- Milcheis hat einen Milchanteil von mindestens 70 Prozent.

- Eiskrem enthält mindestens 10 Prozent
  Milchfett.

- Fruchteis hat einen Fruchtanteil von mindestens 20 Prozent, Fruchteis aus Zitrusfrüchten oder anderen sauren Früchten
  enthält einen Fruchtanteil von mindestens
  10 Prozent.

- Fruchteiskrem enthält mindestens 8 Prozent Milchfett und einen deutlich wahr-
  nehmbaren Fruchtgeschmack.

- (Frucht-) Sorbet hat einen Fruchtanteil von
  mindestens 25 Prozent. Bei Sorbets aus
  Zitrusfrüchten und anderen sauren Früchten beträgt der Fruchtanteil mindestens
  15 Prozent.

- Wassereis hat einen Fettgehalt von weniger als 3 Prozent und einen Trocken-
  massegehalt aus süßenden und/oder
  weiteren geschmackgebenden Zutaten von
  mindestens 12 Prozent.

Definitionen nach den Leitsätzen des deutschen
Lebensmittelbuches

Quelle: Lausitzer Rundschau, 07. 08. 2013. LR Medien und Druck BDVZ

Lesekompetenz – Aufgaben zu den Grafiken
„Die Deutschen und ihr Eis"

301 Sortieren Sie die folgenden Eissorten nach ihrem Beliebtheitsgrad.

1

Joghurt   Haselnuss   Erdbeer   Vanille   Fior di Latte

Beliebtheitsgrad	Eissorte
1.	
2.	
3.	
4.	
5.	

302 Welche Herstellungsarten von Speiseeis finden wir auf dem deutschen Markt?

1

größter Marktanteil (80 %):	
zweitgrößter Marktanteil (17 %):	
geringster Marktanteil (3 %):	

∗303 Begründen Sie, warum die folgende Aussage bezogen auf die Grafik falsch ist.

„Mangoeis ist das am wenigsten beliebte Eis der Deutschen."   1

_____

_____

304 Bei der Herstellung von Eis werden Facharbeiter benötigt.
Notieren Sie,
  a) wie der Ausbildungsberuf heißt.
∗b) warum dieser Ausbildungsberuf als Exot bezeichnet wird.

  a) _____   1

∗b) _____   1

2015-18

305 Kreuzen Sie an, ob die folgenden Aussagen bezogen auf die Grafiken richtig oder falsch sind.

3

	richtig	falsch
a) Wassereis enthält Fett.	☐	☐
b) Rahmeis wird mit Sahne verfeinert.	☐	☐
c) Je saurer die Früchte sind, desto größer ist der Fruchtanteil im Eis.	☐	☐
d) Kremeis besteht mindestens zur Hälfte aus Milch.	☐	☐
e) Der Fruchtanteil im Fruchteis beträgt weniger als zehn Prozent.	☐	☐

306 Wie viel Prozent der Deutschen essen ganzjährig Eis?

1

_____

✳307 Erklären Sie, warum die folgende Aussage sachlich falsch ist.

Jeder Finne hat im Jahr 2011 zwölf Liter industrielles Eis gegessen.

1

_____

_____

_____

_____

_____

Lesekompetenz gesamt **10**

Fundamentum 7

✳ Additum 3

4   Schreibkompetenz – Überarbeiten eines Textes

Im folgenden Text sind beim Übersetzen in die deutsche Sprache Fehler unterlaufen, die vor dem Druck noch korrigiert werden müssen.
Berichtigen Sie <u>nur</u> den jeweiligen Fehler.

R   Rechtschreibfehler
Z   Zeichensetzungsfehler
G   Grammatikfehler
A   Ausdrucksfehler

Punkte

481	Die Ionischen Inseln sind überwiegend fruchtbar und geprägt durch eine üppich blühende Vegetation.	R *üppig*	1
482	Dank ihres mildes Klimas ist die Inselgruppe ein äußerst beliebtes Reiseziel.	G (Kasus) *milden*	1
✳483	Kennzeichnend für die meisten Inseln, auch für die Insel Korfu, ist ein größer Artenreichtum in der Pflanzenwelt.	Z (Korrigieren Sie im Satz.)	1
484	An der Ostküste dieser Insel findet man sanfte Buchten, während sich der Westen vor allen durch steile Küstenabschnitte auszeichnet.	G (Kasus) *allem*	1
✳485	Die Insel ist dicht mit Olivenbäumen bezogen.	G (Lexik) *bewachsen*	1
✳486	Die Feuchtigkeit speichern diese Bäume in ihren immergrünen Blättern, mit denen sie auch den trockendsten Sommer überstehen.	R *trockensten*	1
487	Die Oliven werden nicht gepflückt. Als sie auf den Boden gefallen sind, werden sie eingesammelt.	G (Konjunktion) *Wenn*	1

488	Für den Reisenden ist Korfu, der schönste Fleck Griechenlands/von unvergleichlichem Reiz.	**Z** (Korrigieren Sie im Satz.)	1
489	Das Hinterland ist immer ein mega Kontrast zu den überfüllten und oft unerträglich lauten Küstenorten.	**A** _große_	1
490	Wer sich nur wenige Tage auf der Insel aufhält, sollte unbedingt die Stadt Korfu besuchen.	**R** _aufhält_	1

Schreibkompetenz gesamt **10**

Fundamentum 7

✱ Additum 3

5 Schreibkompetenz – Erstellen eines Schreibplans

Public Viewing

An Ihrer Schule ist im Rahmen einer Sportgroßveranstaltung geplant, gemeinsam die Übertragung des Spielverlaufs auf einer großen Leinwand zu verfolgen (Public Viewing). Diese Idee stößt nicht nur auf Zustimmung.
Dies nehmen Sie zum Anlass, um einen Artikel für die Schülerzeitung zu verfassen, in dem Sie die Vor- und Nachteile von Public Viewing in der Schule gegeneinander abwägen.

Lesen Sie zunächst folgende Meinungsäußerungen:

Mit anderen ein Spiel anzuschauen, stärkt die Gemeinschaft.✱

Das führt zur Verschmutzung des Schulgeländes durch zusätzlichen Müll.

Den Lärm kann man den Anwohnern nicht zumuten.

Bei all dem Leistungsdruck ist das eine willkommene Abwechslung.

↳ Ausnahme

2015-21

Aufgabe:

Erstellen Sie einen Schreibplan, indem Sie das folgende Gliederungsraster ausfüllen:

a) Leiten Sie aus den vorgegebenen Meinungsäußerungen jeweils zwei Pro- und zwei Kontra-Argumente ab.

b) Stützen Sie die Argumente mit jeweils einem Beleg oder Beispiel. Sie müssen dabei auch auf Ihr Alltagswissen und eigene Erfahrungen zurückgreifen.

＊c) Formulieren Sie jeweils eigenständig noch ein weiteres Pro- und Kontra-Argument und stützen jedes mit einem eigenen Beleg oder Beispiel.

d) Ergänzen Sie stichwortartig Ihre Überlegungen für Einleitung und Schluss des Artikels, wobei der Schluss Ihre persönliche Meinung widerspiegeln soll.

＊e) Formulieren Sie abschließend ein Fazit, das <u>zwei</u> Empfehlungen im Umgang mit Public Viewing an Schulen beinhaltet.

Gliederungsraster:

		1. Einleitung	
581	Schreibanlass	*Meinungsentscheidung für Public viewing*	2
582	Hinführung zum Thema	*Public viewing große Popularität*	

		2. Hauptteil	
	These	Public Viewing kann das Schulleben bereichern.	
583	1. Argument	• *M,t andere am Spiel anschauen stärkt die Gemeinsch.*	1
584	Beleg/Beispiel	• *Man teilt Emotionen, enthält sich entkömmt etwas zusamm*	1

585	2. Argument	• *Abwechslung*	1
586	Beleg/Beispiel	• *Man kann abschalten und das wirkt sich sogar ⊕ auf Nebenan*	1
*587	3. Argument	• *Neue Leute kennenlernen*	1
*588	Beleg/Beispiel	•	1
	Gegenthese	Veranstaltungen wie Public Viewing gehören nicht in die Schule.	
589	1. Argument	•	1
590	Beleg/Beispiel	•	1
591	2. Argument	•	1
592	Beleg/Beispiel	•	1
*593	3. Argument	•	1
*594	Beleg/Beispiel	•	1

	3. Schluss	
595	persönliche Meinung	1
* 596	Fazit	2
	zwei Empfehlungen	

6 Schreibkompetenz – Umsetzung des Schreibplans: Verfassen eines Artikels für die Schülerzeitung

Verfassen Sie diesen Artikel.

Vor- und Nachteile von Public Viewing in der Schule

Lösungsvorschläge

1 Ernest Shackleton

Lesekompetenz – Aufgaben zu Text 1 „Ernest Shackleton"

101

	Angaben zu Shackleton
a) Geburtsland	Irland
b) Alter beim Antritt seiner ersten Expedition	Anfang 20
c) Ehrung	Erhebung in den Adelsstand
d) Todesursache	Herzversagen
e) Grabstätte	Südgeorgien/Antarktis/ zwischen Walfängern

Hinweis: Du findest die Lösungen in folgenden Zeilen:
a) Z. 13: „Der gebürtige Ire"
b) Z. 13: „ist Anfang 20"
c) Z. 51: „in den Adelsstand"
d) Z. 101: „stirbt er an Herzversagen"
e) Z. 101 f.: „Doch in Südgeorgien stirbt er [und] liegt dort zwischen norwegischen Walfängern begraben."

102

		Nummer
a)	Expedition Shackletons in die Antarktis im Jahre 1921	4
b)	Shackletons erste eigene Antarktisexpedition	2
c)	Durchquerung der Antarktis unter Leitung von Shackleton	3
d)	Scotts erste Antarktisexpedition, an der Shackleton teilnimmt	1

Hinweis: Du findest die Lösungen in folgenden Zeilen: a) Z. 100 f.; b) Z. 25 f.; c) Z. 53 f.; d) Z. 19 f.

Umgang mit der Mannschaft	
a) Shackleton	legt Wert auf gute Kommunikation und findet zu jedem gut Kontakt
b) Scott	legt Wert auf Hierarchien; gute Kommunikation mit seiner Mannschaft ist ihm nicht so wichtig

✐ *Hinweis: Hier findest du die Antworten: a) Z. 17 f., b) Z. 16 f.*

✳ 104 Shackleton hat keine Menschenleben riskiert, um seine Expeditionen erfolgreich zu Ende zu führen.

✐ *Hinweis: Möglich sind alle Antworten, die verdeutlichen, dass Shackleton das Leben der Expeditionsmitglieder über das Erreichen des Vorhabens stellt. Richtig ist auch, dass er bis dahin Unmögliches versucht. Du findest die Lösungen in folgenden Zeilen: Z. 9 f.: „Doch manche hätten ihr eigenes Leben gegeben, um alle Mitglieder wieder heil nach Hause zu bringen."; Z. 46: „Doch Shackleton opfert seine Männer nicht."; Z. 87: „Doch Shackleton wagt das schier Unmögliche."*

105

a) Beginn:	1907
b) Name des Schiffes:	Nimrod
c) Art und Anzahl der Tiere an Bord:	10 Ponys, 9 Hunde
d) Ort des Basislagers:	Ross-Insel

✐ *Hinweis: Du findest die Lösungen in den Zeilen 26 ff.*

106 Der Monat September zählt auf der Südhalbkugel zum Frühling.

✐ *Hinweis: Du findest die Lösung in Z. 68 f.: „Im September – Frühling auf der Südhalbkugel – rührt sich das Eis."*

✳ 107 a) sein eigentliches Ziel: Er wollte den geografischen Südpol erreichen.
   b) • ein Erfolg: Er entdeckte den Beardmore-Gletscher.
       • ein weiterer Erfolg: Er bestieg als Erster den 3 795 m hohen Vulkan „Erebus".

✐ *Hinweis: Richtig sind bei Aufgabe b) auch diese Antworten: das Erreichen des magnetischen Pols der Südhalbkugel auf Victorialand und das Erreichen des antarktischen Hochplateaus. Du findest die Lösungen in den folgenden Zeilen: a) Z. 1 ff., 25 ff., 32 f. b) Z. 37 f., Z. 29 f., Z. 31 f., Z. 39 f.*

* 108 • Erfrierungen
   • Erkrankungen (z. B. Schneeblindheit)
   • lange Märsche ohne Pause
   Hinweis: Lies die beiden Absätze von Z. 34 bis Z. 51, denn sie beschrei-
   ben den „Gewaltmarsch". Du musst hier nur drei Antworten geben, es sind
   aber verschiedene möglich – außer den oben genannten z. B. auch diese:
   Ponys versinken im Schnee; Ponys fallen in Gletscherspalten; Ponys müs-
   sen getötet werden; Schlitten müssen von Expeditionsteilnehmern gezogen
   werden; fehlende Steigeisen beim Klettern; Hunger.

109 c) Amundsen
   Hinweis: Die Antwort steht in Z. 52.

110 Das politische Ereignis, das die dritte Expedition Shackletons überschattete,
   war <u>der Ausbruch des Ersten Weltkriegs</u>.
   Hinweis: Die Antwort ist in Z. 55 zu finden.

111 • Orkane
   • haushohe Wellen
   • Eisschollen bzw. Eisdrift
   Hinweis: Auch andere Antworten sind denkbar. Weitere Risiken waren
   das Packeis und die Meeresströmung. Du findest die Antworten in den Zei-
   len 59–72.

Sprachwissen und Sprachbewusstsein – Aufgaben zu Text 1

* 151 a) zerbrechen
   Hinweis: Dieses Verb beschreibt, wie das Schiff auseinanderbricht. Die
   anderen Vorschläge bezeichnen eher das Entstehen eines geringeren Scha-
   dens (zerkratzen) oder einen langwierigeren Vorgang (zerfallen, zergehen).

152 Shackleton hat sich mit Scott zerstritten.
   Hinweis: In dem vorgegebenen Satz ist das Verb „verkracht" umgangs-
   sprachlich, also muss es ersetzt werden. Denkbar sind auch Umformulie-
   rungen wie „Shackleton hatte Streit mit Scott" oder „Shackleton hat sich mit
   Scott überworfen".

153 „Zur Neige gehen" bedeutet soviel wie „knapp werden" oder „zu Ende
   gehen".

Hinweis: Es muss deutlich werden, dass „zur Neige gehen" bedeutet, dass die Vorräte bald aufgebraucht sind.

154

	Nummer der Regel
a) Auf dem Schiff findet am <u>Sonntag</u> ein Gesangsabend statt.	Regel 1
b) Auf dem Schiff finden <u>sonntags</u> Gesangs-abende statt.	Regel 4

Hinweis:
a) „Am Sonntag" steht für „an dem Sonntag", d. h., der Artikel „dem" weist auf die Artikelfähigkeit hin, welche Merkmal eines Nomens ist.
b) <u>sonntags</u>: Hier kann man durch die Frage „Wann?" erkennen, dass es sich um ein Adverb handelt, und Adverbien werden kleingeschrieben. Außerdem gilt das „-s", das an den Wochentag angehängt ist, als Kennzeichen eines so gebildeten Adverbs.

155

	Rechtschreibstrategie
a) <u>geschwächt</u> – geschwecht	Ableitung aus der Wortfamilie <u>schwach</u>; Umlautbildung von *a* zu *ä*
b) <u>krachend</u> – krachent	Verlängerung durch Attribuierung, z. B. krachen<u>de</u> Welle; Das Partizip I wird mit dem Infinitiv des Verbs + -d gebildet, d. h. krachen + -d = krachend

✳ 156 Alle Mitglieder <u>werden</u> gerettet, weil Shackleton Hilfe für die Mannschaft <u>holt</u>.

Hinweis: Bei der Aufgabe muss man beachten, dass die Bildung eines Satzgefüges verlangt wird, d. h. Hauptsatz + Nebensatz. Deshalb muss auf die Stellung des finiten Verbs (gebeugten Verbs) geachtet werden. Im Hauptsatz steht das finite Verb am Anfang oder an zweiter Stelle, im Nebensatz steht es am Ende (s. Unterstreichung in der Lösung). Die Darstellung des Satzgefüges als Konjunktionalsatz mit „weil" macht die Abhängigkeit klar, wodurch die Rettung möglich wurde. Du kannst aber auch diesen Satz bilden: „Shackleton <u>holt</u> Hilfe für die Mannschaft, damit alle Mitglieder gerettet <u>werden</u>." Die Reihenfolge der Teilsätze hat sich dann geändert und auch ihre Satzart (Hauptsatz/Nebensatz).

* 157 Ankündigung/Hervorhebung

Hinweis: Der Doppelpunkt betont in diesem Fall die Besonderheit, die Shackleton erreichen kann/will. *Beachte, dass nach dem Doppelpunkt nur dann klein weitergeschrieben wird, wenn kein vollständiger Satz folgt, sondern Sachverhalte konkretisiert werden, so wie hier „die Trophäe".*

* 158 Personifikation, Metapher

Hinweis:

– *Personifikation = Vermenschlichung unbelebter Dinge, d. h. hier, dass das Schiff wie ein Mensch einen Kampf führt*
– *Metapher = Sprachbild/Bedeutungsübertragung; „zäher Todeskampf" beschreibt das Aufbäumen des Schiffes vor dem Sinken*
– *Vergleich = Verknüpfung zweier semantischer Bereiche durch ein Vergleichswort (wie, gleich) zur Veranschaulichung*
– *Euphemismus = Beschönigung, d. h. das Einsetzen von „harmlosen" Wörtern, um schlimme Dinge abgeschwächt auszudrücken (z. B. „entschlafen" statt „sterben")*
– *Oxymoron = Verbindung zweier Vorstellungen, die sich eigentlich ausschließen (z. B. „bittersüß")*

159 a) Auf dem Rückweg <u>war</u>/<u>ist</u> er geschwächt.
b) Es <u>wurde</u>/<u>wird</u> ein unbarmherziger Gewaltmarsch.

Hinweis: In den vorgegebenen Sätzen muss man erkennen, dass die zu ergänzenden Verbformen in der <u>3. Person Singular</u> gebildet werden müssen. Auch kommen nur einfache Tempusformen (<u>Präteritum</u>, <u>Präsens</u>) infrage.

160 d) beinahe

Hinweis: „Schier" und „beinahe" bedeuten, dass ein Zustand <u>„fast"</u> so ist, die anderen Antworten drücken dies nicht aus.

* 161 Ohne Steigeisen klettern/steigen die Männer den Berg hinauf.

Hinweis: Um diese Aufgabe erfüllen zu können, muss man zuerst herausfinden, welche Satzbestandteile Wertungen enthalten: „Ohne Steigeisen <u>kämpfen</u> sich die Männer den <u>gewaltigen</u> Berg hinauf." Erst jetzt kann man den Satz verändern. Durch die Vermeidung der wertenden Satzbestandteile wird die gesamte Satzaussage verändert, denn es wird nun nicht mehr deutlich, welche Strapazen diese Klettertour für die Männer enthielt.

Lesekompetenz – Aufgaben zu Text 2 „Gefangen im Packeis"

201 a) 1914
    b) „Endurance"

✐ Hinweis: Die Antworten findest du in Z. 2 und im Untertitel.

202 <u>Bakewell</u>   Scott   <u>McLeod</u>   Wild   <u>How</u>   Worsley

✐ Hinweis: In Z. 32 wird ausgesagt, dass drei Mann aus der Kabine geholt werden sollen, da man vermutet, diese müssten vom Aufenthalt des blinden Passagiers gewusst haben; in Z. 48 werden die Namen Bakewell, How und McLeod genannt, nachdem die drei an Deck gebracht worden sind.

203 a) speziell geformter Rumpf
    b) lässt die Wellen besonders stark spüren; heftige Schiffsbewegungen; starke Auf- und Abbewegungen

✐ Hinweis: Du findest die Antworten in den folgenden Zeilen: a) Z. 9 f.: „einen speziell geformten Rumpf"; b) Z. 10: „der die Wellen besonders stark spüren ließ"; Z. 10 f.: „Auf und ab [...] – mein Magen schlug einen Purzelbaum."

204 Übelkeit

✐ Hinweis: Diese Antwort findest du in Z. 12 f.: „Die stickige Luft [...] verstärkte[] die <u>Übelkeit</u> noch." Es sind auch andere Lösungen möglich: Er möchte die Sachen seines Freundes nicht beschmutzen (Z.15 f.: „Schließlich konnte ich mich <u>nicht auf Billys Sachen übergeben</u>."); Krämpfe in den Beinen (Z. 3: „Ich hockte in dem engen Spind, mit <u>Krämpfen in den Beinen</u> [...]").

＊205 „dass ich am ersten Tag an Bord immer seekrank wurde" (Z. 7)

✐ Hinweis: Hier wird durch das Wort „immer" deutlich, dass dem Ich-Erzähler diese Situation bekannt ist. Zudem erzählt er, wie er sein Verhalten danach richtete, z. B. nicht zu essen, bis sein Körper sich an die Schiffsbewegungen gewöhnt hat (vgl. Z. 6).

	richtig	falsch
a) Er ist vor drei Jahren von zu Hause ausgerissen.	☐	☒
b) Er hat bereits Bücher von Ernest Shackleton gelesen.	☒	☐
c) In Buenos Aires hat er Shackleton um die Teilnahme an der Expedition gebeten.	☒	☐
d) Shackleton wollte ihn nicht anheuern, da er immer seekrank wird.	☐	☒
e) Er hat in Newport das erste Mal auf einem Schiff angeheuert.	☒	☐

*Hinweis: Du findest die Antworten in den folgenden Zeilen: a) Z. 17: „warum ich vor **zwei Jahren** von zu Hause ausgerissen war"; b) Z. 71: „Ich habe nämlich Ihre Bücher gelesen"; c) Z. 24 f.: „Den Hafen von Buenos Aires hatten wir gestern verlassen"; Z. 66 f.: „Ich habe dir gesagt, [...] dass ich dich nicht an Bord haben will."; Z. 68: „[...] das hatte er. Vor fünf Tagen schon."; d) Z. 66: „Ich habe dir gesagt, dass du zu jung bist"; e) Z. 102 f.: „Newport [...]. Dort hatte ich als Schiffsjunge angeheuert."*

* 207 Er will Abenteuer erleben.

Hinweis: Verschiedene Lösungen sind möglich. Die Antworten findest du in Z. 97 ff.: „Davon hatte ich geträumt, so lange ich denken konnte. Ich wollte Abenteuer in fremden Ländern erleben. Und eines Tages hatte ich die düstere Schule in Rhondda und meinen strengen Vater und meine Stiefmutter satt."

* 208 Der Ich-Erzähler überzeugt durch sein selbstbewusstes Verhalten und kluge Antworten.

Hinweis: Andere Gründe sind seine Hartnäckigkeit, die genaue Kenntnis von Shackletons Büchern, sein Wissen über die Antarktis, sein Interesse und seine Wissbegierde. Hinweise geben z. B. die folgenden Zeilen: Z. 63: „Ich bin ganz allein schuld [...]"; Z. 71: „Ich habe nämlich Ihre Bücher gelesen."; Z. 87 f.: „Es gibt keine Eisbären in der Antarktis, [...] Eisbären gibt es nur am Nordpol."

209 a) Küchenjunge/Steward an Bord (Servicekraft)

b) drei Pfund im Monat

Hinweis: Die Antworten findest du in den folgenden Zeilen: a) Z. 91f., b) Z. 94.

210

	Shackleton	Wild	Worsley
a) Er ist der Leiter der Expedition.	☒	☐	☐
b) Er ist stellvertretender Expeditionsleiter.	☐	☒	☐
c) Er ist der Kapitän des Schiffes.	☐	☐	☒
d) Er führt den blinden Passagier an Deck.	☐	☒	☐
e) Er hat einen durchdringenden Blick.	☒	☐	☐

Hinweis: Du findest die Antworten in den folgenden Zeilen: a) Z. 28 ff.; b) Z. 30: „dem Stellvertreter von Sir Ernest Shackleton"; c) Z. 40: „Kapitän Worsley"; d) Z. 29: „Die Hand und die Stimme gehörten Frank Wild "; e) Z. 89 f.: „Seine Augen waren [...] durchdringend wie Messer."

✳211 Sie haben seinen Befehl missachtet.

Hinweis: Hier sind mehrere Antworten möglich, z. B. auch Ungehorsam, die Sorge um das Gelingen der Expedition, die Nahrungsmittelknappheit. Hinweise findest du in den folgenden Zeilen: Z. 56: „strenge Sitten"; Z. 57 f.: „Captain Scott hatte [...] einen Mann wegen Ungehorsams in Ketten legen lassen."; Z. 65: „Wie kannst du es wagen, meinen Befehl zu missachten?"; Z. 69: „Dies ist keine Vergnügungsfahrt, sondern eine Expedition."; Z. 83: „Wenn uns die Vorräte ausgehen [...]."

✳212 • „[...] dann brach ein Donnerwetter los, [...]" (Z. 41)

• „[...] donnerte Sir Ernest." (Z. 50)

Hinweis: Hier müssen zwei Belege genannt werden, um die Punkte zu erhalten. Weitere Antworten wären: „Er schrie so laut, dass seine Stimme bestimmt auf dem ganzen Schiff zu hören war." (Z. 54 f.); „Seine Stimme dröhnte wie ein Nebelhorn." (Z. 65 f.); „Sir Ernest schnaufte ein paar Mal laut." (Z. 72).

Sprachwissen und Sprachbewusstsein – Aufgaben zu Text 2

251 b) heimlich mitreist.

Hinweis:

a) nicht gut sehen kann = falsch, da die Metapher nicht auf das Nicht-Sehen-Können der Person Bezug nimmt
b) heimlich mitreist = richtig, da die Metapher auf einen Mitreisenden weist, der nicht gesehen werden möchte
c) den falschen Fahrschein gelöst hat = falsch
d) sich der falschen Reisegruppe angeschlossen hat = falsch
Beide Antworten (c und d) sind falsch, denn sie beinhalten einen offiziellen Reiseantritt, bei dem der Reisende Planungsfehler begangen hat.

252 a) • erste Zeitform: Präteritum
        • zweite Zeitform: Plusquamperfekt
* b) Vorzeitigkeit/Nachzeitigkeit

Hinweis: Zur Erfüllung der Aufgaben musst du zuerst die Verben betrachten und dann die Zeitformen bestimmen. a) 1. einfache Zeitform, d. h. ohne Hilfsverb. Nur Präsens und Präteritum sind einfache Zeitformen. Da der Satz ein Ereignis aus der Vergangenheit schildert, kann es nur das Präteritum sein; 2. zusammengesetzte Zeitform, d. h. Vergangenheit des Hilfsverbs „haben“ + Partizip II des Verbs „lesen“ = Plusquamperfekt. b) Der Ich-Erzähler hat in der Vergangenheit die Bücher Shackletons gelesen (abgeschlossener Vorgang in der Vergangenheit). Nachzeitigkeit: Shackleton testete den Ich-Erzähler <u>danach</u>, ob er wirklich die Bücher gelesen hatte.

*253 Ein reales Geschehen (Satz 1) wird einem nicht realen Geschehen (Satz 2) gegenübergestellt.

Hinweis: Satz 1: Am höchsten Mastbaum <u>knüpfe</u> ich euch auf. Hier wird ein reales Geschehen angekündigt. Satz 2: Am höchsten Mastbaum <u>würde</u> ich euch <u>aufknüpfen</u>. Hier wird die Möglichkeit eines realen Geschehens angekündigt. Das Geschehen <u>könnte</u> so passieren, muss es aber nicht zwingend.

254 a) Kleinschreibung von Personalpronomen: Es werden Personen angesprochen, die vom Sprecher geduzt werden.
    b) Großschreibung der höflichen Anredepronomen: Die achtungsvolle Ehrerbietung wird deutlich gemacht.

*255 a) HS$_1$, NS, HS$_1$.

Hinweis: Um herauszufinden, welcher Satzteil ein Hauptsatz (HS) oder ein Nebensatz (NS) ist, musst du das finite (= gebeugte) Verb finden. Denn im HS steht das finite Verb am Anfang (1. oder 2. Stelle), im NS steht es am Ende. Im gegebenen Satz wird der Hauptsatz durch das Einschieben eines Nebensatzes unterbrochen: HS₁, NS, HS₁. Außerdem steht im Hauptsatz auch die Hauptaussage, während der Nebensatz hier als Relativsatz nur das Subjekt näher beschreibt. Das ist ein weiteres Erkennungsmerkmal.

256 c) Imperativ

*✐**Hinweis:** Modus = Aussageweise des Verbs (Überbegriff zu Indikativ, Konjunktiv und Imperativ); Indikativ = Wirklichkeitsform; Konjunktiv = Möglichkeitsform; Imperativ = Befehlsform. Du musst also zuerst das Verb bestimmen und dann entscheiden, welche der drei Aussageweisen hier zutrifft. Der Imperativ kann hier am Ausrufezeichen erkannt werden, welches neben anderen Funktionen die Befehlsform verstärkt.*

257

Beispiel	Nummer
a) Und zwar als Gefangene.	1
b) Über mir knatterten die Segel im Wind.	3

*✐ **Hinweis:***

- *Ellipse = unvollständiger Satz; Auslassung eines Satzteils/Wortes, der/das leicht ergänzbar ist. Z. 52 f.: „[…] und euch von da zurück nach England schicken. Und zwar als Gefangene": Hier dient die Ellipse zur Verdeutlichung der Bestrafung, die nicht nur das Heimschicken beinhaltet, sondern verschärfend auch die Gefangenschaft.*
- *Vergleich = Verknüpfung zweier inhaltlicher Bereiche durch ein Vergleichswort („wie", „gleich") zur Hervorhebung des Gemeinsamen*
- *Lautmalerei (auch Onomatopoesie) = lautlich-sprachliche Nachahmung von natürlichen Geräuschen; die Lautmalerei verleiht der Darstellung der sich im Wind bewegenden Segel viel mehr Anschaulichkeit, denn das Verb „knattern" spiegelt das Geräusch, das die Segel dabei machen, wider.*

✱ 258 Scott <u>hatte</u> auf seiner ersten Expedition einen Mann einsperren lassen, weil er ungehorsam <u>war</u>.

*✐ **Hinweis:** Bei dieser Aufgabe müssen zwei Bedingungen erfüllt werden: Einerseits soll ein Satzgefüge entstehen (= HS und NS), andererseits soll ein Kausalsatz (= Satz, der eine Begründung enthält) gebildet werden. Beachte hier auch die Hinweise zu Aufgabe 255. An der Stellung der finiten Verben (Unterstreichung) kannst du überprüfen, ob du wirklich ein Satzgefüge gebildet hast. Der NS wird durch die Konjunktion „weil" eingeleitet, die auf die Angabe eines Grundes hinweist (= Kausalsatz).*

Lesekompetenz – Aufgaben zu den Grafiken „Die Deutschen und ihr Eis"

301

Beliebtheitsgrad	Eissorte
1.	Vanille
2.	Haselnuss
3.	Erdbeer
4.	Joghurt
5.	Fior di Latte

✍ *Hinweis: Die Lösung findest du in der Grafik Nr. 2. Du musst die Lieblings-Eissorten auf die in der Aufgabe genannten Sorten reduzieren.*

302

größter Marktanteil (80 %):	industriell hergestelltes Eis
zweitgrößter Marktanteil (17 %):	gewerblich hergestelltes Eis
geringster Marktanteil (3 %):	Softeis

✍ *Hinweis: Diese Lösungen findest du in der Grafik Nr. 1.*

∗303 Mangoeis rangiert zwar auf Platz 10 in der Grafik (also auf dem letztgenannten Platz), aber hier werden die Lieblings-Eissorten der Deutschen aufgelistet. Daraus folgt, dass <u>Mangoeis bei den Lieblings-Eissorten auf Platz 10 liegt</u> und nicht am wenigsten beliebt ist. Zudem gibt es <u>viel mehr Eissorten</u> als die, die in der Statistik erfasst wurden. Außerdem wurde in der Statistik auch nur erfasst, welches die Lieblings-Eissorten der Deutschen im <u>Jahr 2012</u> in den <u>Eisdielen </u>war.

✍ *Hinweis: Du findest die Antwort in Grafik Nr. 2.*

304 a) Der Ausbildungsberuf heißt Speiseeishersteller.
∗ b) Dieser Ausbildungsberuf ist ungewöhnlich und selten: Es gibt nur 40 Auszubildende im Jahr.

✍ *Hinweis: Beide Antworten findet man in der Grafik Nr. 3, allerdings nicht im Balkendiagramm, sondern in den folgenden Informationen.*

305		richtig	falsch
a)	Wassereis enthält Fett.	☒	☐
b)	Rahmeis wird mit Sahne verfeinert.	☒	☐
c)	Je saurer die Früchte sind, desto größer ist der Fruchtanteil im Eis.	☐	☒
d)	Kremeis besteht mindestens zur Hälfte aus Milch.	☒	☐
e)	Der Fruchtanteil im Fruchteis beträgt weniger als zehn Prozent.	☐	☒

Hinweis: Alle Antworten findest du in der Grafik Nr. 5: a) letzter Stichpunkt, b) zweiter Stichpunkt, c) fünfter Stichpunkt, d) erster Stichpunkt, e) fünfter Stichpunkt.

306 80 %

Hinweis: Die Antwort findest du in der Grafik Nr. 2, aber nicht in der bildlichen Darstellung, sondern im Infosatz links unten.

∗307 Da die Statistik lediglich <u>Durchschnittswerte</u> (<u>Mittelwerte</u>) darstellt, hat ein Finne im Jahr 2011 durchschnittlich zwölf Liter industrielles Eis gegessen, aber man kann von diesen Durchschnittswerten nicht den absoluten Verbrauch jedes einzelnen Finnen ableiten. Manche essen mehr, andere weniger Eis.

Hinweis: Auch hier musst du zuerst die entsprechende Grafik finden. Die Grafik Nr. 4 stellt den Pro-Kopf-Verbrauch in Europa bezogen auf industrielles Eis im Jahr 2011 dar. Der erste Balken im Diagramm zeigt Finnlands Pro-Kopf-Verbrauch von zwölf Litern.

4 Schreibkompetenz – Überarbeiten eines Textes

481	Die Ionischen Inseln sind überwiegend fruchtbar und geprägt durch eine ~~üppich~~ blühende Vegetation.	**R** _üppig_
482	Dank ihres ~~mildes~~ Klimas ist die Inselgruppe ein äußerst beliebtes Reiseziel.	**G** (Kasus) _milden_
✳483	Kennzeichnend für die meisten Inseln(,) auch für die Insel Korfu, ist ein großer Artenreichtum in der Pflanzenwelt.	**Z** (Korrigieren Sie im Satz.)
484	An der Ostküste dieser Insel findet man sanfte Buchten, während sich der Westen vor ~~allen~~ durch steile Küstenabschnitte auszeichnet.	**G** (Kasus) _allem_
✳485	Die Insel ist dicht mit Olivenbäumen ~~bezogen~~.	**G** (Lexik) _z. B. bewachsen_
✳486	Die Feuchtigkeit speichern diese Bäume in ihren immergrünen Blättern, mit denen sie auch den ~~trockendsten~~ Sommer überstehen.	**R** _trockensten_
487	Die Oliven werden nicht gepflückt. ~~Als~~ sie auf den Boden gefallen sind, werden sie eingesammelt.	**G** (Konjunktion) _z. B. Sobald_
488	Für den Reisenden ist Korfu, der schönste Fleck Griechenlands(,) von unvergleichlichem Reiz.	**Z** (Korrigieren Sie im Satz.)
489	Das Hinterland ist immer ein ~~mega~~ Kontrast zu den überfüllten und oft unerträglich lauten Küstenorten.	**A** _z. B. großer_
490	Wer sich nur wenige Tage auf der Insel ~~aufhällt~~, sollte unbedingt die Stadt Korfu besuchen.	**R** _aufhält_

481) *Durch Wortverlängerung, z. B. <u>üppige</u> Vegetation, kann man heraus-finden, ob die Endung „-ich" oder „-ig" richtig ist.*
482) *Im Nominativ heißt es „<u>mildes</u> Klima", aber die Präposition „dank" verlangt den Genitiv. Dieser wird im Pronomen „ihres" ausgedrückt, das Adjektiv muss dann „<u>milden</u>" heißen.*
483) *Nachgestellte Erläuterungen werden durch Kommas abgetrennt. Hier fehlt das Komma am Anfang der nachgestellten Erläuterung.*
484) *Die Wahl des Kasus passt nicht. Die Präposition „vor" verlangt hier den Dativ. Es handelt sich außerdem um eine feststehende Wendung.*
485) *Das Wort „bezogen" passt hier nicht, denn eine Landschaft ist nicht mit Bäumen „bezogen".*
486) *Rechtschreibfehler: Das „d" in „trockendsten" weist auf das Parti-zip I hin, das aus dem Infinitiv eines Verbs + „d" gebildet wird. Hier steht aber ein Adjektiv (trocken), kein Partizip. Das Verb „trocken" existiert nicht.*
487) *Es wurde eine falsche Konjunktion verwendet. Es soll die Bedingung für das Aufsammeln ausgedrückt werden. Das ist mit „als" nicht möglich. Um die Bedingung für folgende Handlungen auszudrücken, sind außer „so-bald" auch „wenn" oder „nachdem" gebräuchlich.*
488) *Hier gilt die Regel, dass nachträgliche Erläuterungen/Appositionen durch Kommas vom übrigen Satz abgetrennt werden.*
489) *Die Verwendung des Wortes „mega" ist in einem Sachtext unange-messen, weil es sich um eine umgangssprachliche Wendung handelt. Richtig sind z. B. auch „starker" und „gewaltiger".*
490) *Die Form „aufhält" kommt von „aufhalten", d. h. der Wortstamm wird mit nur einem „l" geschrieben.*

5 Schreibkompetenz – Erstellen eines Schreibplans

Hinweis: Um dir den Schreibplan zu erleichtern, werden dir Teilaufgaben ge-stellt. Die Lösungen der einzelnen Teilaufgaben sollst du in das Gliederungsras-ter eintragen.
a) Ordne die vier vorgegebenen Meinungsäußerungen der These bzw. der Gegen-these zu. Dabei gehören die Meinungsäußerungen, die die These „Public View-ing kann das Schulleben bereichern" vertreten, in die Zeilen 583 bzw. 585. Da-gegen sollen die Meinungsäußerungen, die die Gegenthese „Veranstaltungen wie Public Viewing gehören nicht in die Schule" stützen, in die Zeilen 589 und 591 geschrieben werden. Du musst die Meinungsäußerungen jeweils umformulieren und in deinen eigenen Worten darstellen.

b) Nun musst du dir zu den formulierten Argumenten Beispiele/Belege überlegen. Dazu solltest du darüber nachdenken, ob du schon ähnliche Situationen erlebt hast und welche Gedanken die Argumente für die These bzw. Gegenthese stützen und verdeutlichen. Trage dies in die Spalten 584, 586, 590 und 592 ein.

c) Daraufhin musst du für die These und Gegenthese auch noch jeweils ein eigenes Argument mit entsprechendem Beleg/Beispiel formulieren. Mögliche weitere Argumente zur These wären z. B. das Kennenlernen von Schülern anderer Jahrgänge, die stärkere Identifizierung mit der eigenen Schule oder die positive Außenwirkung der Schule durch so eine Veranstaltung u. Ä. Weitere Argumente für die Gegenthese könnten die schwierige Beaufsichtigung seitens der Lehrer, das Ausbrechen eines möglichen Chaos, ein zu hoher organisatorischer Aufwand, eine negative Außenwirkung der Schule oder die mögliche Zerstörung schulischen Eigentums u. Ä. sein. Diese eigenen Argumente bzw. Belege/Beispiele musst du in den Spalten 587/588 und 593/594 eintragen.

d) Auch die Gedanken für die Hinführung zum Thema bzw. für den Schluss musst du selbstständig entwickeln und in die Spalten 581/582 und 595/596 in Stichworten eintragen.

e) An dein Fazit anschließend sollst du auch zwei persönliche Vorschläge zum Umgang mit dem Thema (Spalte 596) machen.

So könnte sich der folgende Schreibplan entwickeln:

1. Einleitung		
581	Schreibanlass	• Beliebtheit von Public-Viewing-Veranstaltungen bei großen Sportereignissen in der Vergangenheit (z. B. in Berlin bei der Fußball-WM, Fußball-EM, bei den Olympischen Spielen) • Überlegung: Public Viewing in unserer Schule anlässlich des nächsten Fußballturniers?
582	Hinführung zum Thema	• Unstimmigkeit in den Schulgremien • Diskussion der Vor- und Nachteile einer solchen Veranstaltung in der Schülerzeitung

		2. Hauptteil
	These	Public Viewing kann das Schulleben bereichern.
583	1. Argument	Public Viewing kann das Gemeinschaftsgefühl an einer Schule stärken.
584	Beleg/Beispiel	So können viel mehr Zuschauer die Mannschaft sehen und unterstützen, da in der Turnhalle nur wenige Zuschauer Platz haben.
585	2. Argument	Eine Public-Viewing-Veranstaltung bietet eine gute Abwechslung zum Leistungsdruck des Schulalltags.
586	Beleg/Beispiel	Man erlebt Schule als Ort gemeinsamer Freude und Unterstützung der Mitschüler, die in der Schulmannschaft kämpfen.
*587	3. Argument	So eine Veranstaltung bietet die Möglichkeit, dass sich Schüler verschiedener Jahrgänge kennenlernen und so die schulische Gemeinschaft gestärkt wird.
*588	Beleg/Beispiel	Es gibt im Schulalltag wenige Gelegenheiten, bei denen Schüler verschiedener Jahrgänge gemeinsam ein Ziel verfolgen. Hier hätten alle das gemeinsame Interesse, die eigene Mannschaft zu unterstützen.
	Gegenthese	Veranstaltungen wie Public Viewing gehören nicht in die Schule.
589	1. Argument	Eine Public-Viewing-Veranstaltung bringt eine große Lärmbelastung mit sich.
590	Beleg/Beispiel	Diese Lärmbelastung führt besonders bei den Anwohnern in der Nähe der Schule zu Konflikten.
591	2. Argument	So eine Großveranstaltung führt unausweichlich zu einer unkontrollierbaren Verschmutzung des Schulgeländes.
592	Beleg/Beispiel	Der Vergleich mit anderen Public-Viewing-Veranstaltungen, z. B. in Berlin-Mitte, zeigt, dass nach der Veranstaltung viel Müll liegen bleibt, so wäre es im Kleinen auch in der Schule.
*593	3. Argument	Es wäre ein hoher organisatorischer Aufwand nötig, und auch die Beaufsichtigung wäre schwierig.

*594	Beleg/Beispiel	Besonders auf die Lehrer käme ein großer zeitlicher Aufwand zu, außerdem eine größere persönliche Verantwortung in einer schwierigen Aufsichts-situation.

3. Schluss

595	persönliche Meinung	• Public-Viewing-Veranstaltungen zur Stärkung der Schulgemeinschaft und zur Annäherung zwischen den Jahrgängen • Gute Planung und Vorbereitung notwendig: Verantwortung teilen und Zerstörung von Schuleigentum vorbeugen
*596	Fazit/zwei Empfehlungen	• Die Durchführung sollte durch alle schulischen Gremien unterstützt werden • Identifikation der Schüler mit der Schule kann gesteigert werden • Verantwortung nicht nur bei den Lehrern (z. B. Sportvereine oder Sponsoren mit ins Boot holen) • Ankündigungen im Wohngebiet und Gespräche mit den Anwohnern → Beteiligung an der Veranstaltung anstelle von Ablehnung → Stärkung des nachbarlichen Miteinanders • Schüler organisieren Müllentsorgungsdienst

6 Schreibkompetenz – Umsetzung des Schreibplans: Verfassen eines Artikels für die Schülerzeitung

Hinweis: In diesem Aufgabenbereich schreibst du nun einen Artikel für die Schülerzeitung, der auf dem Schreibplan aus dem 5. Aufgabenbereich basiert. Es muss deutlich werden, aus welchem Anlass du diesen Artikel schreibst. Du kannst ein persönliches (auch ein erfundenes) Erlebnis anführen, das den Leser neugierig macht und den vorgegebenen Anlass anschaulich werden lässt.
Achte beim Ausformulieren auf vollständige Sätze und entsprechende Satzverknüpfungen, z. B. durch passende Konjunktionen. Vermeide Wortwiederholungen und lange verschachtelte Sätze („Bandwurmsätze").
Gestalte den Text übersichtlich, indem du inhaltliche Einheiten jeweils in einem neuen Abschnitt beginnst.

Insgesamt soll dieser Artikel deine Argumentation und deine Einstellung zum Thema Schritt für Schritt und ohne Widersprüche deutlich machen und das Fazit mit den beiden Empfehlungen folgerichtig erarbeiten.

Da dieser Artikel für die Schülerzeitung entstehen soll, musst du auch darauf achten, dass die Sprache dem Anlass angemessen ist. Du sollst nicht in Jugendsprache schreiben, deine Wortwahl aber auf deine Leser zuschneiden, also in einer für Jugendliche verständlichen Sprache schreiben. Dabei musst du die sprachlichen Regeln einhalten.

„Spieler vor, noch ein Tor" – Vor- und Nachteile von Public Viewing in der Schule

Erinnert ihr euch noch an die tollen Public-Viewing-Veranstaltungen im vorigen Jahr zur Fußball-WM? Wir haben gemeinsam mit wildfremden Menschen den Jungs unserer Nationalmannschaft die Daumen gedrückt. Jedes Tor haben wir begeistert gefeiert und sind uns in die Arme gefallen. Die unterschiedlichsten Menschen einte ein gemeinsames Erlebnis.

Einleitung: Schreibanlass

Was hier im Großen geschah, könnte doch auch im Kleinen, z. B. bei unserem nächsten Anti-Gewalt-Fußballturnier, funktionieren. Dies stand deshalb auf der Tagesordnung unserer letzten Schülervertretersitzung. Wir haben vorgeschlagen, dieses Turnier auf großer Leinwand auf dem Schulhof zu übertragen, also ein Public Viewing für die Schüler unserer Schule zu organisieren. Da wir in der Sitzung zu keinem einheitlichen Standpunkt kamen, möchte ich euch hier die wichtigsten Argumente darlegen und meine Einschätzung zum Thema darstellen. Vielleicht schaffen wir es, eine sinnvolle Diskussion in allen Klassen zu führen.

Hinführung zum Thema

Public Viewing kann das Gemeinschaftsgefühl an unserer Schule stärken. Das ist sicher das wichtigste Argument, das für die Durchführung einer solchen Großveranstaltung auf dem Schulhof spricht. Ich erinnere mich an die Diskussionen im letzten Schuljahr, wer beim Anti-Gewalt-Fußballturnier zuschauen darf. Wir hatten viel mehr Interessenten als Zuschauerplätze, sodass wir nur Plätze verlosen konnten, was zu großem Unmut bei all denen führte, die nicht das Glück hatten, so einen Losplatz zu erhalten.

Hauptteil:
Pro
1. Argument
Beleg/Beispiel

Public Viewing kann eine Abwechslung zum alltäglichen Leistungsdruck bringen. Wir erleben die Schule bei so

2. Argument
Beleg/Beispiel

einem Ereignis nicht mehr nur als Lehranstalt, sondern als „Heimstatt", die wir als Schüler täglich besuchen. Schule wird so zu dem Ort eines gemeinsamen Erlebnisses, das unser Gemeinschaftsgefühl stärkt, weil wir alle das Ziel haben, unsere Mitschüler zu unterstützen und mit ihnen gemeinsam ein Ziel zu erreichen. So gewinnen oder verlieren wir gemeinsam.

So ein Großereignis an der Schule bringt zudem Schüler verschiedener Jahrgänge zusammen. Das gemeinsame Ziel, die eigene Mannschaft zu unterstützen, sprengt Klassengrenzen. Was in der Mannschaft funktioniert, nämlich dass man sich gegenseitig achtet und unterstützt, egal in welcher Klassenstufe man lernt, wäre auf einmal auch in der großen Schulgemeinschaft möglich. Man würde nicht den „Großen" herauskehren, der alles besser weiß, sondern beim Zusehen z. B. die Nehmerqualitäten der „Kleinen" schätzen lernen, die ja nur jemand sieht, der das Spiel verfolgt.

3. Argument
Beleg / Beispiel

Aber es gab in der Schülervertretung auch die Meinung, dass Veranstaltungen wie Public Viewing nicht in die Schule gehören.

Kontra

Ein Gegenargument war, dass mit dem Public Viewing auf dem Schulhof auch eine große Lärmbelästigung einherginge. So werden besonders unsere Nachbarn, die in den Wohnungen in der Nähe der Schule wohnen, sich möglicherweise belästigt fühlen und sich beschweren, vielleicht sogar die Polizei holen.

1. Argument
Beleg / Beispiel

Auch würde durch so eine Großveranstaltung ein erhebliches Müllproblem auf uns zukommen. Da in der Anonymität einer so großen Gemeinschaft niemand befürchten muss, zur Verantwortung gezogen zu werden, würden viele ihren Müll einfach liegen lassen.

2. Argument
Beleg / Beispiel

Die Lehrer, die an der Diskussion in der Schülervertretung teilnahmen, sahen in der Planung des Public Viewings auch einen großen organisatorischen Aufwand sowie eine große Verantwortung bei der Beaufsichtigung einer solchen Veranstaltung. So wäre in der Vergangenheit immer wieder die Planung und Organisation außerschulischer Veranstaltungen an den Lehrern hängen geblieben und die Aufsicht wäre eine zusätzliche Belastung.

3. Argument
Beleg / Beispiel

Zusammenfassend möchte ich verdeutlichen, dass ein Public Viewing zum Anti-Gewalt-Fußballturnier eine tolle Sache wäre, die die Schulgemeinschaft stärken würde und uns ein gemeinsames tolles Erlebnis verschaffen würde. Allerdings ist mit der Organisation eines solchen Ereignisses auch viel Verantwortung verbunden und der Schutz des Schuleigentums muss gewährleistet sein.

Schluss:
Persönliche Meinung

Deshalb sollten wir gemeinsam überlegen, wie wir so eine Veranstaltung vorbereiten können, damit die Verantwortung auf mehreren Schultern ruht. So könnte man die Sportvereine und unseren Hauptsponsor mit ins Boot holen, um uns z. B. bei der Technikfrage zu unterstützen. Das Müllproblem könnte durch Ordnungsgruppen aus allen Klassenstufen eingedämmt werden und eine Bekanntmachung und Einladung im Wohngebiet würde vielleicht sogar die Anwohner von meckernden Außenstehenden zu mitfiebernden Fans machen.

Fazit
Empfehlungen

Vielleicht habe ich euch überzeugen können, das Thema in euren Klassen zu diskutieren und in diesem Sinne freue ich mich auf die nächste Zusammenkunft der Schülervertreter.

Liebe Kundin, lieber Kunde,

der STARK Verlag hat das Ziel, Sie effektiv beim Lernen zu unterstützen. In welchem Maße uns dies gelingt, wissen Sie am besten. Deshalb bitten wir Sie, uns Ihre Meinung zu den STARK-Produkten in dieser Umfrage mitzuteilen:

www.stark-verlag.de/feedback

Als Dankeschön verlosen wir einmal jährlich, zum 31. Juli, unter allen Teilnehmern ein aktuelles Samsung-Tablet. Für nähere Informationen und die Teilnahmebedingungen folgen Sie dem Internetlink.

Herzlichen Dank!

Haben Sie weitere Fragen an uns?
Sie erreichen uns telefonisch **0180 3 179000***
per E-Mail **info@stark-verlag.de**
oder im Internet unter **www.stark-verlag.de**

Lernen▪Wissen▪Zukunft

*9 Cent pro Min. aus dem deutschen Festnetz, Mobilfunk bis 42 Cent pro Min. Aus dem Mobilfunknetz wählen Sie die Festnetznummer: **08167 9573-0**

Erfolgreich durch die Abschlussprüfung mit den **STARK** Reihen

Abschlussprüfung

Anhand von Original-Aufgaben die Prüfungssituation trainieren. Schülergerechte Lösungen helfen bei der Leistungskontrolle.

Training

Prüfungsrelevantes Wissen schülergerecht präsentiert. Übungsaufgaben mit Lösungen sichern den Lernerfolg.

Klassenarbeiten

Praxisnahe Übungen für eine gezielte Vorbereitung auf Klassenarbeiten.

STARK in Klassenarbeiten

Schülergerechtes Training wichtiger Themenbereiche für mehr Lernerfolg und bessere Noten.

Kompakt-Wissen

Kompakte Darstellung des prüfungsrelevanten Wissens zum schnellen Nachschlagen und Wiederholen.

Den Abschluss in der Tasche – und dann?

In den **STARK** Ratgebern findest du alle Informationen für einen erfolgreichen Start in die berufliche Zukunft.

25-V_Abs

Bestellungen bitte direkt an

STARK Verlagsgesellschaft mbH & Co. KG · Postfach 1852 · 85318 Freising
Tel. 0180 3 179000* · Fax 0180 3 179001* · www.stark-verlag.de · info@stark-verlag.de

Lernen • Wissen • Zukunft
STARK

*9 Cent pro Min. aus dem deutschen Festnetz, Mobilfunk bis 42 Cent pro Min. Aus dem Mobilfunknetz wählen Sie die Festnetznummer: **08167 9573-0**